**Dharmakirti Zuázquita
y Vidyamala Burch**

Los 6 pasos de mindfulness y compasión

Una guía práctica para gestionar el dolor, prevenir el estrés y recuperar tu bienestar

Con la participación de:
Luiza Hiromi Tanaka
Adriana Mauleon
Leandro Pizutti
Medhavin Velasco Torres
Silamani Guirao Goris
Ellen Lima

Incluye acceso directo a meditaciones guiadas

editorial Kairós

Fotocomposición: Moelmo, S.C.P. 08012 Barcelona
Diseño cubierta: Katrien van Steen

Impresión y encuadernación: Romanyà-Valls. 08786 Capellades

Primera edición: Octubre 2024
ISBN: 978-84-1121-293-9
Depósito legal: B 14.162-2024

Sumario

A tod@s los profesores de RespiraVida
BreathWorks Iberoamérica que practican
y trasmiten estos 6 pasos con tanto amor,
dedicación y compromiso para aliviar
el sufrimiento de todos los seres

Agradecimientos

Hay un proverbio que dice que la gratitud es la memoria del corazón. Por eso queremos recordar y agradecer a todos los que generosamente han contribuido a este libro.

Primero queremos agradecer a cada uno de los que lo han hecho con cada capítulo, todos ellos tienen una gran y comprometida experiencia en la docencia de los 6 pasos. Los formadores (*teacher trainers*): Luiza Hiromi Tanaka y Leandro Pizutti, ambos pioneros del proyecto de RespiraVida Brasil, *muito obrigado* a Mirian Brunsteim e Ivonne Fuentes por traducir ambos capítulos del portugués al castellano. Agradecemos su contribución a Medhavin Velasco y Adriana Mauleon por sus respectivos capítulos, pues, junto con Abhayadipa Ruelas, son pioneros y apreciados formadores de RespiraVida México. Gracias también por contribuir con sus capítulos a Ellen Lima y Silamani Guirao Goris.

Este libro ofrece una serie de audioguías de meditación, cada una de ellas fueron cuidadosamente grabadas por el autor del capítulo correspondiente. En el caso de los capítulos sobre el paso 2 y el paso 5, que originalmente son en portugués, las audioguías han sido grabadas por nuestros queridos profesores Silvia Sanchís y Medhavin Velasco respectivamente, a quienes estamos agradecidos por su generosa contribución.

Gracias a mi pareja por su paciente trabajo de corrección, revisión del texto, cuidado y generosa paciencia, que ha sido muy importante, especialmente en la última fase de redacción del libro.

Gracias a Juan Castell por ayudarnos con algunas de las ilustraciones y a la Editorial Kairós por confiar en nuestra propuesta y publicar este libro.

Prólogo

Vidyamala Burch

Es un desafío vivir con dolor de cualquier tipo. Puede provocar toda clase de sufrimiento adicional (mal humor, fatiga, pensamientos de impotencia y ansiedad) y socavar la alegría de vivir. La carga se vuelve cada vez más pesada.

Pero hay una manera de deshacerse de la carga, recuperar tu vida y pasar de simplemente sobrevivir a prosperar, incluso cuando vives con problemas de salud a largo plazo. Los 6 pasos descritos en este libro proporcionan la hoja de ruta para esa transformación.

Estos pasos son la base del programa de Gestión del Dolor basado en Mindfulness (MBPM o Mindfulness Based Pain Management) que desarrollé en Breathworks, la organización internacional de mindfulness que fundé en el Reino Unido en 2001. Este programa MBPM ha sido llevado al mundo de habla hispana y portuguesa por mis maravillosos colegas de RespiraVida BreathWorks que han enseñado a miles de personas en Europa e Iberoamérica.

El programa MBPM de ocho semanas se publicó en *Tú no eres tu dolor* (Editorial Kairós), pero es en este nuevo volumen la primera vez que se evoca de manera tan explícita la estructura fundamental de los 6 pasos. Es un avance importante ya que, por una parte, describe el andamiaje sobre el que se asienta el programa de ocho semanas y, por otra, profundiza en los principios subyacentes de mindfulness y compasión cuando son aplicados al sufrimiento asociado al dolor y enfermedad crónicos.

Estoy profundamente agradecida a Dharmakirti Zuázquita por llevar por primera vez Breathworks a España, fundar RespiraVida BreathWorks y trabajar incansablemente durante muchos años para impartir cursos y formar profesores. Ha reunido a un equipo magnífico a su alrededor, incluido Silamani Guirao Goris, y ambos han permitido que profesores verdaderamente maravillosos difundan nuestro enfoque y ayuden a las personas a manejar su sufrimiento con mayor facilidad. Puedes escuchar sus voces únicas y apasionadas en los diferentes capítulos de este libro. Cada uno de los colaboradores encarna lo que escriben y escucharás su profundidad y compromiso a través de sus palabras. Estoy profundamente agradecida a todos ellos: Luiza Hiromi Tanaka, Adriana Mauleón, Medhavin Velasco, Leandro Pizutti y Ellen Lima.

También estoy agradecida a Agustín Pániker, director de la Editorial Kairós, por su continuo compromiso con el proyecto RespiraVida BreathWorks y por creer en nosotros.

Introducción

Dharmakirti Zuázquita

No apartes los ojos.
Mantén tu mirada sobre la herida vendada.
Por ahí entra la luz.

Rumi

A finales de 2007, empecé a hacer la difusión de «Vivir bien con el dolor y la enfermedad usando la atención consciente», un curso de ocho semanas que iba a realizar en el Centro Budista Triratna de Valencia para completar mi formación de profesor de mindfulness con el Instituto Breathworks del Reino Unido. En aquella época, la palabra *mindfulness* era casi completamente desconocida en el mundo hispanohablante, por eso un amigo me hizo el siguiente comentario: «¿No crees que te has equivocado? Vivir bien con el dolor y la enfermedad suena contradictorio».

Esto me hizo reflexionar sobre la manera que tenemos de ver el dolor y la enfermedad como incompatibles con el bienestar. Lo cierto es que muchas experiencias dolorosas y difíciles de la vida son inevitables y universales: la muerte, el envejecimiento, el dolor, la enfermedad, la pérdida, la decepción, etc. La experiencia del dolor es inherente al ser humano, pues tarde o temprano lo enfrentamos en sus muchas formas y, en realidad, convivimos a diario, aunque no sea personal, puede ser el de otros seres, incluso social.

Según la IASP (International Association for the Study of Pain, 2020), «el dolor es una experiencia sensorial y emocional desagradable asociada o semejante a un posible daño tisular». Aunque es siempre una experiencia personal varía de acuerdo con factores biológicos, psicológicos y sociales. Por otro lado, pese a que, por lo general, el dolor cumple una función adaptativa, puede tener efectos adversos sobre la función, la vida social y el bienestar psicológico.

Según sea su duración, se divide en dolor agudo y dolor crónico. La Encuesta Nacional de Salud de España del año 2017 dice que el 17% de la población española sufre dolor crónico (1 de cada 6 personas). El 27% de las personas con dolor crónico se sienten aisladas socialmente por esa causa y para el 71% limita sus actividades cotidianas. Experimentan dolor más de la mitad de las personas de 65 años y las causas más importantes son la artrosis, la migraña, los dolores lumbares y los cervicales. Además, al ser crónico genera otros problemas como ansiedad, estrés, depresión, irritabilidad, ira, agotamiento, etc., con lo cual el consumo de opiáceos se ha duplicado en la última década. También tiene un impacto económico importante: 2-2,8% del PIB anual.

La experiencia de dolor está presente a lo largo de la vida de los seres humanos en muchas formas. Entonces, ¿por qué pensamos que vivir bien tiene que ver con una vida exenta de dolor? Según la psicología budista, esta ilusión, este autoengaño o ignorancia básica (cada uno con su versión personal), en vez de ayudarnos a gestionarlo y a sobrellevarlo, nos mantiene atrapados en un círculo vicioso que es en sí mismo la base del sufrimiento que generamos inconsciente e innecesariamente, pues lo creamos por no aceptar la vulnerabilidad o el sufrimiento inherente a la vida.

La práctica de mindfulness y compasión puede cambiar profundamente nuestra relación con el dolor e impedir que su manifestación crónica acabe encadenándonos al sufrimiento y la desdicha. Aunque esto es algo que se sabe desde hace 2.600 años, se ha visto corroborado por los recientes descubrimientos realizados en los campos de la medicina y de la neurociencia.

La propuesta del programa de ocho semanas, que en la actualidad se llama Mindfulness y Compasión para la Salud MBPM, era y es aprender a vivir bien abrazando esta aparente paradoja con toda nuestra experiencia. Este nuevo paradigma de mindfulness y compasión nos invita a ver las experiencias difíciles y el dolor como un maestro del cual podemos extraer sabiduría para vivir una vida plena. Según el Buda, la clave de este aprendizaje transformador es darnos cuenta de que nuestro sufrimiento tiene dos niveles. En un nivel, nuestros síntomas físicos sí pueden ser inevitables, pero, a otro nivel, nuestra manera de relacionarnos con nuestra condición tiene una influencia enorme en nuestro bienestar. Esta visión está encapsulada en la famosa enseñanza de las dos flechas (*Sallatha Sutta*), que dice que la primera flecha es la flecha de lo inevitable. El dolor es inevitable, ya sea la agonía de un insomnio o el dolor de las lumbares o la ansiedad de tener que pasar un examen. Si practicamos mindfulness y compasión, podemos entrenarnos en sentirlo y sobrellevarlo, ser conscientes y cuidarnos. Sin embargo, nos dice el Buda, usualmente nos disparamos una segunda flecha, que es nuestra reacción a la primera flecha (la mente reactiva, quejarnos, culpar, catastrofizar, rumiar, etc.). Tan pronto como hacemos eso, nos creamos más sufrimiento a la vez que alimentamos una espiral negativa descendente cada vez más estrecha, que nos hace sentir más frágiles y con menos recursos. Como dice la conocida oración:

> Ojalá tenga la serenidad para aceptar las cosas que no puedo cambiar [primera flecha], el valor para cambiar las que sí puedo cambiar [segunda flecha] y la sabiduría para conocer la diferencia [los 6 pasos de mindfulness y compasión son las herramientas para hacerlo].

Los 6 pasos creados por Vidyamala Burch que te proponemos experimentar en este libro consisten en una serie de herramientas sencillas y prácticas basadas en mindfulness con la amabilidad para deshacer este condicionamiento mental y emocional que nos mantiene atrapados en el sufrimiento.

Mindfulness nos permite notar el dolor sin añadir más a la experiencia y hay numerosos estudios clínicos que evidencian sus efectos (Burch, 2016). La práctica de mindfulness disminuye la percepción del dolor, porque entrena el cerebro a prestar atención a las sensaciones en el momento presente y así permite no anticipar el dolor futuro (catastrofización) y no quedarse atrapado en emociones y pensamientos que producen sufrimiento (rumiación) y, por lo tanto, reduce la ansiedad (Zeidan, 2009).

Te invitamos al camino de mindfulness y compasión a través de los 6 pasos, que pueden ser vistos como un regalo. Un generoso regalo a la humanidad que surge de la experiencia de relacionarse con el dolor y la enfermedad crónica a lo largo de varias décadas de Vidyamala Burch y que actualmente se ofrece al mundo a través del programa MBPM.

Sobre Vidyamala Burch, la creadora de los 6 pasos

Antes de continuar me gustaría contaros quién es Vidyamala Burch, que es originaria de Nueva Zelanda y una de las fundadoras del Instituto Breathworks con base en el Reino Unido. Además de padecer una enfermedad congénita, siendo muy joven sufrió varias lesiones en la columna, lo que requirió múltiples cirugías y la dejó con paraplejia parcial y dolor crónico severo.

A los 24 años, en su búsqueda por aprender a lidiar con el dolor, comenzó a explorar la meditación y el mindfulness para controlarlo y los encontró profundamente transformadores. En lugar de venirse abajo, asumió el desafío de abordar sus problemas físicos con aceptación, amabilidad y compasión. En el año 2000, gracias a una beca otorgada por la Milleniun Comission en el Reino Unido, pudo diseñar un programa en el que combinaba la propia experiencia personal de gestión del dolor con su conocimiento en primera persona de las prácticas meditativas, la psicología budista y el programa de mindfulness de ocho semanas que comenzaba a surgir en aquel momento de la mano de Jon Kabat-Zinn. Desde entonces, comenzó a impartir cursos de manejo del dolor basados en mindfulness y a lo largo de los años desarrolló el programa internacionalmente reconocido: Mindfulness y Compasión para la Salud MBPM. Un programa psicoeducativo, secular, estandarizado, único, que combina la meditación basada en evidencias científicas, el desarrollo de emociones positivas y creativas, un programa de esfuerzo equilibrado y movimientos conscientes.

En 2005, Vidyamala, junto con otros colegas, desarrolló un itinerario de formación de profesores de mindfulness y compasión para que más personas pudieran acceder a los cursos de Breathworks en el mundo. Alrededor de 2007, nació en España RespiraVida BreathWorks, que actualmente es una asociación civil sin ánimo de lucro dedicada a la enseñanza, educación, fomento y difusión de mindfulness y compasión con énfasis en la formación de profesionales de mindfulness y compasión para la salud, en castellano y portugués, en el ámbito iberoamericano (España, Portugal y Latinoamérica).

A partir de estas dos semillas, Breathworks y RespiraVida han crecido hasta convertirse en una organización internacional floreciente y dinámica con más de 700 profesores acreditados en más de 35 países que han ofrecido el curso a decenas de miles de personas en todo el mundo. El programa MBPM ha sido evaluado en numerosas investigaciones científicas con evidencias que destacan su eficacia a la hora de gestionar el dolor y la enfermedad crónica, así como los síntomas frecuentemente asociados: estrés, ansiedad y estados mentales negativos.

En 2018, Vidyamala fue galardonada como miembro honorario de la British Pain Society, y su libro *Tú no eres tu dolor* ha sido premiado por la British Medical Association, traducido a más de quince idiomas. En 2022, recibió un reconocimiento honorífico de la reina Isabel II por su servicio a la sociedad y su aportación a la gestión de dolor y el bienestar. Shaw Trust, una de las organizaciones benéficas más grandes del Reino Unido, considera que Vidyamala es una de las cien personas discapacitadas cuya influencia y logros son un modelo de liderazgo para futuras generaciones.

Quienes hemos colaborado con la escritura de este libro somos, por así decirlo, discípulos de Vidyamala, pues nos hemos formado durante muchos años con gran compromiso para conocer de primera mano sus enseñanzas y prácticas. A través de la asociación RespiraVida BreahtWorks, hemos desarrollado su visión en España, México y Brasil formando a cientos de profesores o instructores de mindfulness y compasión. Todos enseñamos este singular enfoque MBPM, que es un acrónimo de Mindfulness Based Pain Management (mindfulness para la gestión del dolor) y el programa Kindfulness para el Estrés (Dharmakirti y Ratnaguna, 2020), que es una adaptación del programa de Vidyamala, pero más orientado al estrés, la ansiedad, los estados mentales negativos y la regulación emocional.

Asimismo, estamos profundamente agradecidos por ser parte de este proyecto internacional y ser testigos de los profundos y transformadores cambios en las vidas de miles de personas, que han participado en el curso estandarizado de ocho semanas que se lleva cabo a lo largo y ancho del ámbito iberoamericano (España, Portugal y Latinoamérica).

Cómo utilizar este libro: una brújula para empezar tu recorrido

> El necio busca la felicidad en la distancia;
> el sabio la cultiva bajo sus pies.
>
> J. Oppenheim

La primera parte del libro abarca los capítulos 1 al 10. El capítulo 1 nos ofrece una introducción global a los 6 pasos, como un mapa que nos orienta en el desarrollo integral de mindfulness y compasión para aprender una nueva forma de relacionarnos con nuestra experiencia dolorosa, desagradable o difícil. También nos recuerda cómo es una vida sin este mapa, ya que el «paso cero» es como estar dando manotazos en la oscuridad de la existencia.

En los capítulos siguientes (del 2 al 8) se presenta una descripción de cada paso desde la perspectiva de nuestros profesores formadores (o *teacher trainers*) de RespiraVida en Iberoamérica, quienes cuentan con una amplia y profunda experiencia en la enseñanza del programa MBPM y de mindfulness y compasión. No solo porque lo han impartido en numerosas ocasiones a diferentes grupos y en diferentes contextos, sino porque además han contribuido y contribuyen con su docencia a la formación profesional de quienes actualmente imparten este programa en toda Iberoamérica.

En cada capítulo, encontrarás varias maneras de entender, reflexionar y practicar cada paso, tendrás un texto con la explicación del paso, las evidencias científicas que lo avalan, una historia o anécdota inspiradora, una práctica informal (para hacer en tu vida cotidiana) y un ejercicio meditativo (una audioguía a la que puedes acceder a través de un código QR).

Al final del capítulo dedicado a cada paso, te invitamos a dirigirte al capítulo 9: «Respirar y moverte con los 6 pasos», donde podrás explorar cada uno en particular, desde la perspectiva de la respiración y el movimiento consciente. (Se incluye también una audioguía).

Una de las razones por las que Vidyamala Bruch escogió como nombre del proyecto: «Breathworks» es porque tal como se puede traducir: *la respiración funciona* y, por esta razón, yo mismo (Dharmakirti Zuázquita) quise llamarlo «respira vida» en España. En este capítulo se podría decir que desarrollaremos «RespiraVida BreathWokrs» o «respira vida porque la respiración funciona». Esta misma experiencia total y holística de la respiración la extenderemos a otro elemento fundamental del programa MBPM: los Movimientos Conscientes (*Mindful Movements*). Como dice Vidyamala, la experiencia del dolor puede hacer que la persona desconecte de su cuerpo y desarrolle a largo plazo una especie de resistencia o miedo a moverse.

En el capítulo 8 te ofrecemos una experiencia más estética y juguetona de los 6 pasos: un breve resumen y descripción infográfica para cada uno de los 6 pasos.

Acercarnos a lo desagradable, en el paso 2, es tal vez, lo que supone un mayor desafío y sensibilidad a la hora de ponerlo en práctica. Por esta razón, en el capítulo 10 te ofrecemos una variedad de consideraciones y cuidados a la hora de abordar ese paso.

En la segunda parte del libro, desde los capítulos 11 al 15, te proponemos una serie de temas relacionados con un contexto más amplio que el de los 6 pasos. Vidyamala suele decir que los 6 pasos son la columna vertebral del programa MBPM, y yo, como profesor de este programa, diría que es como una hoja de ruta o un mapa orientativo.

En el capítulo 11 veremos en forma esquemática y sencilla cómo se relacionan los 6 pasos con cada sesión del programa de ocho semanas, con cada meditación, los conceptos claves, los liberadores de hábitos y otros elementos que conforman este multifacético y exitoso programa internacional.

En el capítulo 12 hablaremos acerca del programa Mindfulness y Compasión para el Estrés, popularmente conocido como Kindfulness para el Estrés, que también utiliza de manera central el modelo de los 6 pasos (ver tabla 4 al final de este capítulo).

En el capítulo 13 se ofrece un resumen de los beneficios y evidencias científicas surgidos de las investigaciones aplicadas al programa Mindfulness y Compasión para la Salud MBPM. Estos beneficios y evidencias se pueden extender también a los 6 pasos como parte intrínseca de ese programa.

En el capítulo 14 haremos un viaje al pasado para descubrir cómo se relacionan los 6 pasos con algunas de las enseñanzas fundamentales de la psicología contemplativa de la tradición budista.

Por último, en el capítulo 15 te explicamos cómo es el itinerario formativo para ser profesor y poder impartir el programa para la gestión del dolor Mindfulness y Compasión para la Salud MBPM y el programa Kindfulness para el Estrés.

Las referencias bibliográficas las podrás ver al final, así como una serie de recursos para continuar profundizando en tu práctica de mindfulness y compasión en el ámbito iberoamericano. Por último, hay un apartado con un resumen biográfico de cada una de las personas que han contribuido a escribir este libro.

Primera parte

Capítulo 1
Los 6 pasos como un mapa

Dharmakirti Zuázquita

Cultiva esa cualidad de elección
y encuentra la libertad en cada paso que das.

VIDYAMALA BURCH

Los 6 pasos de mindfulness y compasión es una especie de mapa que hemos desarrollado en RespiraVida BreathWorks, que muestra de manera sistemática y gradual un camino de continua profundización en nuestra conciencia. Los 6 pasos constituyen una herramienta didáctica fundamental que se complementa con otros elementos del programa MBPM (conceptos claves, prácticas meditativas y ejercicios).

Un mapa que nos va orientando y señalando qué aspecto o dimensión de la conciencia necesitamos desarrollar en cada momento. Es importante recordar que es un mapa y que el mapa no es el territorio. Nuestra propia experiencia es el territorio, y aplicar este mapa requiere de sensibilidad y del asesoramiento de otras personas que llevan tiempo aplicándolo a su propia vida. Ese es el rol de un profesor de mindfulness, quien va desplegando el mapa durante el curso de ocho semanas, invitándote con cuidado y sensibilidad a recorrer este camino.

Originalmente, se trataba de cinco pasos, que fueron descritos en el libro *Vivir bien con el dolor y la enfermedad: Mindfulness para liberarnos del sufrimiento* (Burch, 2014).* La misma autora, en años posteriores a este primer libro, sugirió que el cuarto paso, que incluía tanto la «perspectiva como la conexión», debería ser desglosado en dos pasos: el paso 4, «un recipiente más grande: perspectiva y ecuanimidad», y un quinto completamente dedicado a la «conexión y humanidad compartida», así de esta manera se establecieron los 6 pasos.

Volviendo a la idea de la primera flecha que mencioné en la introducción, a esto le llamamos sufrimiento o experiencia primaria, y la segunda flecha es sufrimiento o experiencia secundaria. De este modo, podemos darnos cuenta de que mucho de nuestro sufrimiento surge porque nos resistimos y luchamos contra la experiencia desagradable o difícil, lo que es completamente natural, ya que nadie quiere sufrir. Si dejamos ir o soltamos esta resistencia (los pensamientos inútiles, las emociones negativas, los juicios críticos y los hábitos reactivos), entonces nuestra experiencia primaria se hace más llevadera. Esto es en parte, porque simplemente hay menos sufrimiento que gestionar, pero, además, muchas personas encuentran alivio al dejar ir o soltar la resistencia a la experiencia desagradable. Nuestra experiencia del dolor, de hecho, cualquier experiencia desagradable, está fuertemente influenciada por nuestro estado mental. Simplemente, se siente con más fuerza cuando luchamos contra ella.

Aprender a estar con nuestro sufrimiento implica un sentido de reconciliación, de aceptación y con ello de liberación. En lugar de invertir nuestra energía luchando en contra, podemos aprender de nues-

* Publicado originalmente en inglés en 2008, con el título *Living Well with Pain and Illness*, por la editorial británica Piatkus.

tro sufrimiento y hacer elecciones sabias sobre cuál es la mejor manera de responder a nuestra experiencia. La salida del sufrimiento no es alejarte de tu experiencia, sino acercarte con amabilidad y apertura. En la misma experiencia del sufrimiento se encuentra su salida, pues la entrada es la salida.

Los 6 pasos nos proponen el desarrollo de nuestra conciencia de manera que podamos realizarlos, según nuestra propia versión personal de crear sufrimiento secundario, ya que nos ayudan progresivamente a disolver o reducir el sufrimiento secundario y reconocer y aceptar nuestro sufrimiento primario. Con los 6 pasos aprendemos a cultivar un tipo de sabiduría amable, para hacer la distinción entre lo que podemos cambiar y lo que no.

Hay que decir que, antes de los 6 pasos, está el «paso cero». La «desatención o mindlessness» es un estado en el que no hay conciencia y, por lo tanto, no hay un potencial de aprendizaje, crecimiento y ni hablar de florecimiento.

Lo primero que notas cuando observas con conciencia tu experiencia es el estado de distracción constante en el que vivimos, el mero hecho de darte cuenta de esto ya es en sí una victoria. Sin atención consciente, estamos la mayor parte del tiempo instalados en el piloto automático, porque no estamos presentes en nuestra experiencia. De modo que los pensamientos, emociones y sensaciones que surgen tienden a dominar nuestra mente y corazón. Constantemente, nos vemos arrastrados sin capacidad de responder de manera sana y creativa. Este es el terreno fértil para los estados mentales y emocionales negativos, la catastrofización, la rumiación, la evitación, el miedo, la ansiedad, el estrés, la depresión, etc.

En un sentido adaptativo, el piloto automático nos ayuda cuando ya hemos aprendido algo como caminar, conducir, etc., pero la inconsciencia puede ser perjudicial cuando se trata de los patrones internos de la experiencia. En lugar de ser impulsados por hábitos o patrones inconscientes, los 6 pasos nos permiten sintonizar con nosotros mismos y responder a la vida desde un lugar de calma y claridad. La atención consciente hace que seamos capaces de ver cada momento como nuevo y único, despertando nuestra curiosidad innata de aprender.

Otro aspecto importante de nuestra falta de conciencia es nuestra propia voz severa, la autocrítica y la autoexigencia. Nuestro peor enemigo no está fuera, está dentro, como dice el Buda: «Más importante que vencer a mil guerreros en mil batallas, es la conquista de uno mismo». Por lo tanto, los pasos no solo son un camino de entrenamiento mental, sino también emocional. Comenzamos a aprender el lenguaje de la amabilidad, la empatía, la compasión. Un camino que empieza por uno mismo, pero que se expande hacia todos los seres.

En la cultura en la que vivimos, en la que se valora el «no parar», el «hacer más y más», para «consumir más y más», mindfulness nos está diciendo: «Detente, toma una pausa, observa y siente tu cuerpo, respira, observa tu mente y tu corazón. No tienes que hacer nada más, solo estar en el momento presente, sin dejarte arrastrar por los pensamientos, juicios y preocupaciones». En realidad, mindfulness nos invita al terreno del ser o estar, pero no a cualquier ser o estar, sino al bienestar. Nos lleva de la insatisfacción y la avidez de experiencias a encontrar la plenitud y la riqueza que nos ofrece la vida en cada momento. Nos lleva de la resistencia a aceptar nuestra fragilidad a desarrollar empatía, compasión y resiliencia.

La experiencia de vivir con dolor, enfermedad, estrés, etc., puede hacer que te sientas impotente, aislado y derrotado. Sin embargo, existe la esperanza en una vida mejor. Los 6 pasos tienen un lado A: aprender a gestionar y trabajar con nuestros estados mentales y emocionales torpes, hábitos no saludables, pero de forma paralela tiene un lado B, que nos invita a cultivar estados mentales y emocionales

hábiles, hábitos saludables y creativos. Los 6 pasos son una invitación a celebrar la riqueza y la belleza de la vida. Los 6 pasos son también seis semillas para que podamos florecer y desarrollar todo nuestro potencial humano.

Hemos puesto estos 6 pasos en una secuencia, en la que la elección es el paso final. Sin embargo, hasta cierto punto comenzarás a usar tu capacidad de elección desde el principio, en cuanto empieces a tomar conciencia de tu experiencia en el momento presente, en el paso 1. Cuando hayas desarrollado cierta capacidad en hacer esto y comiences a cultivar aceptación, amabilidad y compasión, empezando a acercarte a lo desagradable, nuevamente estarás usando tu capacidad de elegir. De hecho, tan pronto como pongas conciencia a tu experiencia, empezarás a tener mayor elección y libertad. Aunque los pasos parezcan una secuencia lineal, son una secuencia circular en la que se retroalimentan y enriquecen el uno del otro.

Si bien nos resulta útil y didáctico ver los 6 pasos como una secuencia, en realidad se trata más bien de aspectos que se interrelacionan y son interdependientes. Desarrollar un paso de manera aislada no nos llevaría muy lejos en nuestro proceso de transformación y florecimiento. Una vez que empezamos a desarrollar mindfulness, comienzan a desplegarse simultáneamente todos los otros pasos, que en última instancia son aspectos o dimensiones de una auténtica y comprometida práctica de mindfulness.

Otra forma de evocar los 6 pasos es como un camino de aprendizaje y transformación hacia la libertad y la auténtica felicidad.

Capítulo 2

Paso 1: La conciencia es posible

Dharmakirti Zuázquita

Todo gran viaje comienza por un paso, el primer paso.

Lao Tsé

Introducción al primer paso y cómo se relaciona con los 6 pasos a nivel global

En el programa MBPM dedicamos las tres primeras semanas para simplemente explorar de manera amplia y experiencial el paso 1. En el caso de los otros pasos, dedicamos una semana a cada uno. Esto es así porque el primer paso incluye muchos aspectos básicos y esenciales que debemos establecer antes de continuar con los siguiente cinco pasos. También hay que decir que los demás son en realidad dimensiones o aspectos del primer paso, y solo lo hemos separado para poder aprender de manera sistemática y progresiva.

Podemos empezar diciendo que el paso 1 consiste en familiarizarnos con lo que está ocurriendo en cada momento. Podemos cobrar conciencia de nuestra respiración, del cuerpo, de las sensaciones desagradables y agradables. Notamos nuestros pensamientos y emociones sin identificarnos con ellos.

Digamos que en este primer paso estamos aprendiendo a regular nuestra atención, entrenando especialmente a nuestra mente a prestar atención a una sola cosa a la vez y que somos capaces de traer la mente de vuelta cuando se dispersa. En los próximos pasos, por ejemplo, en el paso 4, esta base estable en la respiración y el cuerpo que hemos cultivado con el primer paso nos permite ampliar nuestra perspectiva y ser conscientes de la totalidad de nuestra experiencia.

Según Vidyamala, se define mindfulness como: «Vive en el momento, date cuenta de lo que está ocurriendo y, en lugar de dejarte llevar por las reacciones habituales, decide el modo de responder a tu experiencia» (Burch, 2014, pág. 80). Jon Kabat-Zinn afirma que se trata de «prestar atención, de manera intencional y sin juzgar el momento presente».

Cuando trabajamos en clase con el paso 1, invitamos a los estudiantes a mirar «hacia» los pensamientos y no «desde» los pensamientos. En esta nueva perspectiva es más fácil comenzar a observar los pensamientos no como algo fijo o estático, sino como eventos mentales cambiantes. Este tipo de conciencia posibilita dar un paso atrás para desidentificarnos del pensamiento y no quedar atrapados en los relatos o narrativas personales poco saludables, lo cual nos permite desarrollar un tipo de percatación contemplativa. A su vez, esto supone una enorme diferencia en nuestra capacidad de responder de manera sabia a situaciones difíciles. Cuando somos capaces de ver nuestra situación con claridad y objetividad, abrimos la puerta a la sabiduría liberadora.

Mindfulness también puede mostrarte los altibajos naturales de las sensaciones dolorosas (Burch, 2016). En lugar de quedarte atrapado en el dolor, aprendes a observarlo con atención, descubres, curiosamente, que empieza a diluirse y, al cabo de un rato, adviertes la existencia de dos aspectos o capas diferentes del dolor: el sufrimiento primario y el sufrimiento secundario.

La palabra *sati*, que significa mindfulness en pali, es de género femenino, de modo que desarrollar *sati* hacia nuestra experiencia es como desarrollar el sentido de una presencia amiga, desinteresada, cálida, amable y comprensiva. Cuando nos abrimos a nuestra experiencia, no siempre es obvio lo que necesitamos hacer. Necesitamos abrirnos con curiosidad y aprender nuevamente, no podemos esperar cambiar aplicando las mismas estrategias que nos llevaron a la situación en la que nos encontramos.

El qué, el cómo y el porqué de mindfulness

A la hora de practicar mindfulness no solo es importante a «qué» aspecto de nuestra experiencia atendemos (sensaciones, pensamientos, emociones, etc.), sino también a «cómo» prestamos atención (la actitud detrás de la práctica). Además, a largo plazo, es de vital importancia «el porqué» meditamos (la intención).

El «cómo», al que Jon Kabat-Zinn llama cualidades actitudinales, determina la actitud con la que nos relacionamos con aquello a que estamos prestando atención (por ejemplo, podemos ser conscientes de nuestros fallos, distracciones, etc., y, en vez de criticarnos severamente o autoodiarnos, podemos apreciar con amabilidad el darnos cuenta como una oportunidad de aprendizaje).

Las cualidades actitudinales despiertan un sentido de presencia amigable hacia la experiencia. Estas cualidades están presentes en cada uno de los pasos, de los 6 pasos (por ejemplo, en el paso 2, cuando traemos aceptación y compasión hacia nuestra experiencia dolorosa o difícil). Para que la meditación dé sus mejores frutos, requiere del cultivo deliberado de ciertas cualidades o actitudes. Vidyamala menciona tres cualidades actitudinales necesarias para la práctica de mindfulness: amabilidad, compasión y amplia apertura apreciativa. Estas se suman a las nueve cualidades que presenta Jon Kabat-Zinn: «No juzgar, paciencia, mente de principiante, confianza, no esforzar, aceptación, soltar, generosidad y gratitud». Todas están reflejadas implícita o explícitamente en cada paso (García y Rodríguez Vega, *et al.*, 2019).

Cultivar la intención («el porqué») nos ayuda a mantener y profundizar mindfulness en el tiempo. En forma global, esta intención puede tener que ver con los valores que deseamos cultivar para nuestra vida, o de manera específica, por ejemplo, con ser capaces de regularnos emocionalmente, conectar más profundamente con nuestro cuerpo. Como dice Jon Kabat-Zinn, nuestras intenciones establecen el escenario de lo posible y nos recuerdan, instante tras instante, por qué estamos practicando.

Claramente, se puede utilizar mindfulness como una mera técnica y de hecho este uso utilitario, descontextualizado de la meditación está muy extendido y ha sido fuente de muchas críticas e incluso catalogada como *McMindfulness* (Purser, 2013). La inclusión de la amabilidad, la compasión y la amplia apertura apreciativa de manera explícita en las nuevas generaciones de programas de mindfulness favorece la motivación ética y fomenta la dimensión altruista y social. Precisamente, la integridad y el cuidado en la utilización de estas herramientas y de los programas ha sido lo que motivó a RespiraVidaBreathWorks la cocreación de la Red Española de Programas Estandarizados de Mindfulness y Compasión.

Evidencias científicas relacionadas con el primer paso

Los miles de estudios científicos realizados en las últimas décadas (los primeros surgieron en los años ochenta del pasado siglo a partir de que Jon Kabat-Zinn comenzara a impartir mindfulness en contextos clínicos) han revelado que mindfulness beneficia una gran variedad de condiciones de salud, por ejemplo:

- Mejora el estado de ánimo y la calidad de vida en condiciones de dolor crónico, por ejemplo, reduciendo los niveles de depresión y ansiedad.
- Reduce el dolor físico y la reacción emocional al mismo, permitiendo a las personas cambiar su relación con su condición, al vivir en armonía con su dolor en lugar de tratar de combatirlo.
- Mejora el funcionamiento social fortaleciendo las relaciones, mejorando la calidad del sueño y disminuyendo el nivel de interferencia que tiene el dolor en las actividades diarias.
- Restablece una sensación de control al favorecer el aprendizaje de mecanismos de afrontamiento que hacen que nos sintamos empoderados al saber que tenemos una opción en respuesta al dolor y la incomodidad.
- Hay investigaciones que señalan de manera general (Zeidan, 2009) que la reducción del dolor que acompaña la práctica de mindfulness es superior a la de dosis estándares de morfina y otros analgésicos.

La eficacia del mindfulness es tal que muchos médicos y psicólogos clínicos especializados en el dolor recomiendan a sus pacientes realizar los cursos MBPM que nuestros profesores imparten en todo el mundo. Si deseas ampliar más sobre las evidencias científicas del mindfulness, te invito a leer el libro *Tú no eres tu dolor* de Vidyamala Burch (2016, pág. 23).

EJERCICIO MEDITATIVO PARA CULTIVAR EL PASO 1

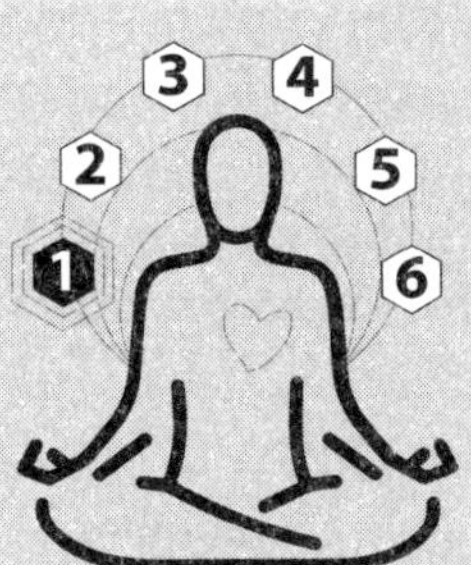

Busca sentarte en una postura cómoda, te invito a tomar tres respiraciones profundas. Ahora nota cómo sientes tu cuerpo. ¿Qué sensaciones físicas experimentas en este momento? Quizás sientas, en las nalgas, el contacto con el asiento de la silla. ¿Cómo experimentas esa presión? Ábrete, por unos momentos, a cualquier sensación que aparezca en tu cuerpo.

Te invito ahora a escuchar por un momento los sonidos que te rodean. Observa su tono y su volumen y el modo en que respondes. Tal vez, adviertas la tendencia automática a tratar de saber su origen, pero por un momento suspende esa reacción y simplemente dedícate a notar el sonido como tal, como mero sonido. En el caso de que te halles en un entorno muy silencioso, date cuenta entonces del silencio.

Presta atención ahora a la respiración. ¿Cómo la sientes? ¿Qué partes de tu cuerpo se mueven cuando respiras y cuántos movimientos diferentes puedes advertir? ¿Te gusta o te desagrada estar en contacto con tu respiración?

Observa ahora tus emociones. ¿Cuál es el tono a grandes rasgos de tu experiencia emocional? ¿Estás feliz, contento, triste, irritado o tranquilo? ¿No tienes claro por ahora lo que sientes?

Observa ahora cualquier pensamiento que pase por tu mente. Pregúntate qué estás pensando. Mientras eres consciente de los pensamientos presentes, descansa tranquilamente en las sensaciones corporales de la respiración. Deja que cualquier pensamiento, sonido o emoción vaya y venga.

En este momento, no necesitas buscar ninguna experiencia especial. Advierte simplemente lo que ahora está ocurriendo, momento a momento. Cuando estés listo, finaliza esta breve práctica. Tal vez quieras escribir en una libreta y reflexionar sobre cómo ha sido tu experiencia durante este ejercicio meditativo para cultivar el paso 1.

Una anécdota interesante

Al finalizar una clase de meditación que solía ofrecer semanalmente en el Centro Triratna de Valencia, un estudiante se acercó a mí y me preguntó: «¿La meditación puede ayudarme a eliminar el yo?». A veces parece que, dentro de cada uno de nosotros, hay centenares de yoes, porque, en un momento, queremos una cosa y, al momento siguiente, queremos otra completamente diferente. Aquí es donde la dimensión amable o compasiva del mindfulness puede tener un efecto integrador y unificador de los diferentes aspectos de nuestro ser.

Mindfulness es una invitación a abrazar todo tu ser y a relacionarte desde esta nueva perspectiva sabia y amable. Como dice Vidyamala, «Mindfulness arroja luz sobre estas tendencias contradictorias, permitiendo que nuestro corazón y nuestra mente dejen de apuntar en direcciones diferentes y se integren y unifiquen» (Burch, 2014).

Mindfulness es un proceso, los 6 pasos son un proceso y, cuando se trata de asuntos internos, el proceso puede tomar su tiempo, no podemos pretender eliminar o cambiar de un manotazo patrones y tendencias que fueron forjados a lo largo de muchos años y se encuentran profundamente arraigados en nuestra psique. Tal vez en este proceso no sea necesario eliminar nada, más bien podríamos decir que se trata de entregarnos o abrirnos a una visión más amplia, integradora y compasiva de uno mismo. El Buda dice en el famoso libro de aforismos *Dhammapada*: «El odio no se extingue con el odio, solamente se apaga a través del amor».

Práctica informal en la vida cotidiana

> La conciencia es en sí misma transformadora.
>
> U. SANGHARÁKSHITA

Para cultivar el primer paso: hacer posible la conciencia, necesitamos crear algunas condiciones en nuestra vida cotidiana. Concretamente, te propongo que utilices el temporizador de tu móvil y pongas el sonido de una campana de meditación, que suene cada hora durante el día. Cuando suene, nota tus pies, si puedes incorpórate y mueve un poco el cuerpo: ¿qué ves?, ¿qué oyes?, ¿qué hueles? Acércate a una ventana y, si es posible, mira la inmensidad y amplitud del cielo. Recuerda que tu mente es ese enorme cielo azul y que las nubes son tus pensamientos, que por más fuertes y preocupantes que parezcan, pasan, cambian y, finalmente, desaparecen.

Muchas veces, sostenemos una idea de cómo es nuestra experiencia, lo cual nos impide acceder a la experiencia de forma directa. Cuando simplemente nos detenemos y notamos, sentimos y experimentamos nuestra vida tal y como es, nos encontramos con que la experiencia cambia por sí sola, sin que tengamos que hacer nada.

RESPIRAR Y MOVERSE CON EL PASO 1

En el capítulo 9: «Respirar y moverse con los 6 pasos», encontrarás algunas sugerencias y ejercicios simples para practicar el paso 1 desde la perspectiva de la respiración y el movimiento (incluye además una audioguía para este paso en particular).

> (...) tienes dos posibilidades, o cambias el mundo a tu alrededor o te cambias a ti mismo. La segunda es difícil, pero la primera es imposible.
>
> U. Sangharákshita

Capítulo 3
Paso 2: Acercarse a lo desagradable

Luiza Hiromi Tanaka

> En los días en que el cielo está gris,
> el sol no desaparece para siempre.
>
> ARNAUD DESJARDINS

Introducción al paso 2 y cómo se relaciona con los 6 pasos a nivel global

El paso 2 es un poco más desafiante que los otros, porque, si pudiéramos elegir, no nos gustaría pasar por situaciones difíciles o desagradables en nuestras vidas. Sin embargo, parece ser una paradoja del mindfulness y la compasión la invitación a acercarnos a lo que no queremos y evitamos a toda costa, ya sean situaciones físicas, mentales o emocionales que nos causan sufrimiento. En mindfulness podemos entender el sufrimiento como algo que forma parte de la vida, desde la insatisfacción, el malestar o la incomodidad en las sensaciones de nuestro día a día, como algo devastador y que genera emociones aflictivas que pueden intensificarse.

Cualquiera que sea el grado, este paso nos abre el camino para cultivar la amabilidad hacia la ecuanimidad, propuesto por el programa MBPM, en el proceso de 6 pasos, en el que las dos cualidades que sustentarán el paso 2 son la aceptación y la compasión (Dharmakirti y Ratnaguna, 2020).

Para entender la aceptación de una experiencia desagradable, primero la notamos (por ejemplo: dolor en alguna parte del cuerpo/órgano, zumbido, ansiedad, tristeza, miedo, ira, irritación) y luego, con compasión, abrazamos toda la experiencia con el amor y el deseo genuino de aliviar el propio sufrimiento. Parecería un proceso sencillo notar la experiencia difícil y aceptarla si no fuera porque la mente se resiste a abordar lo desagradable en el momento presente, y a menudo esta resistencia ocurre sin que nos demos cuenta. La mente genera muchos recursos para mantenernos alejados de lo que no queremos.

La práctica de mindfulness y compasión crea un espacio que nos invita a notar y a acercarnos a la resistencia, aceptando el sufrimiento primario tal como es. De esta forma, podemos abrir un camino para ponernos en contacto con lo desagradable o difícil que está sucediendo en el momento presente. Para aceptar la experiencia de lo que es, tal como es y que no podemos cambiar en ese momento (Burch, 2016).

Cuando no aceptamos una situación difícil, la mente automáticamente reacciona creando muchos pensamientos con contenido crítico, enjuiciadores, así como emociones no saludables y angustiantes; es decir, sufrimiento secundario. Esta resistencia y esta falta de aceptación del sufrimiento primario son las que impiden que nos relacionemos creativa y amablemente con nuestro dolor.

La aceptación de la experiencia tal como debe ir acompañada de bondad y compasión y, en este sentido, Vidyamala Burch destaca que, «con el paso del tiempo, puedes aprender a adoptar una actitud amable y sin juzgar hacia la totalidad de la experiencia, dejando que las sensaciones dolorosas simplemente estén presentes. Puedes desarrollar una actitud amable hacia tu dolor como el impulso natural de una madre de tomar al niño que se ha hecho daño en sus brazos y abrazarlo con ternura. Aunque no puede eliminar el dolor de su hijo, su amorosa respuesta aliviará el malestar» (Burch, 2014, págs. 100-101).

Desde esta perspectiva, existe otra paradoja de mindfulness al permitir que las sensaciones desagradables estén presentes. En nuestro programa Kindfulness, la invitación es estar en A antes de ir a B, es decir, notar, sentir y permanecer en las sensaciones de dolor o ansiedad en el cuerpo (A), por ejemplo, antes de ir directamente a la situación de no dolor o calma (B). Entrenamos la mente para notar las sensaciones, en lugar de solo pensar en A, lo que genera más dolor, más estrés, más tristeza, frustración e irritación. Entonces, sentir A, soltar el control, dejándose fluir y ampliando el campo de conciencia, haciéndolo menos estrecho (Dharmakirti y Ratnaguna, 2020).

Vidyamala Burch ejemplifica su propia experiencia con respecto a esta paradoja: «Cuando contemplas con atención consciente y curiosidad la experiencia real del dolor, a menudo descubres que no es tan mala como temías. Centrarte en la percepción directa de las sensaciones, más que en ideas sobre ellas, nos devuelve al momento presente, en el que la experiencia es siempre fluida y cambiante» (Burch, 2014, pág. 101).

Descripción de los tres elementos para cultivar el paso 2

El programa Mindfulness y Compasión por la Salud MBPM utiliza tres elementos que nos permiten desarrollar el paso 2: aprender una forma diferente, menos reactiva, de relacionarnos con las dificultades y alcanzar la aceptación compasiva:

- **Mindfulness**. Estar con experiencia directa, notando las sensaciones en el cuerpo fluyendo. Simplemente, estar con la experiencia tal como es, notar la resistencia y ayudar a suavizarla y liberarla. Muchas veces tendemos a creer que el dolor está en todo el cuerpo. Pero si investigamos, veremos que es solo un punto o una parte del cuerpo donde realmente estoy sintiendo el malestar. ¿Qué pasa con otras partes del cuerpo? La invitación es ser tu propio observador de las emociones y los pensamientos presentes.
- **Aceptación**. Es lo opuesto a resistir. Hacer una pausa y permitir que las cosas sean como son con una actitud no reactiva y sin prejuicios, reconociendo el sufrimiento primario. Estar con la experiencia difícil sin reaccionar, soltando la resistencia. Esta es la situación por ahora, acéptala, en el sentido de comprender cómo es estar con esa condición. ¿Qué sensaciones, emociones, sentimientos y pensamientos puedo notar? Se trata de aceptar nuestra propia vulnerabilidad.
- **Autoamabilidad**. Es la actitud de abrazar nuestra experiencia desagradable con amabilidad y cuidado hacia nuestra persona. Hay un verso que define la experiencia de la autocompasión: «Cuando recibimos el dolor con amor, el mundo del sufrimiento se disuelve» (S. Levine). Esta autocompasión es una base para poder extender la compasión a los demás. En los siguientes pasos, ampliamos la compasión a partir de la «perspectiva» (paso 4) y la «humanidad compartida» (paso 5).

Evidencias científicas relacionadas con el paso 2

Los estudios muestran que el programa MBPM ha generado cambios positivos muy significativos en pacientes con dolor crónico en el manejo y la aceptación del dolor desde la perspectiva del compromiso, desvinculándose de la lucha por controlar o evitar el dolor (Pérez-Fernández *et al.*, 2022; Cusens *et al.*, 2010).

En la tradición contemplativa budista, se dice que la compasión ocurre cuando el amor encuentra al sufrimiento (Dharmakirti y Ratnaguna, 2020).

Vidyamala Burch dice: «El programa Mindfulness y compasión para la Salud MBPM RespiraVidaBreathWorks proporciona una mayor aceptación del dolor, mejora la capacidad de mantener la perspectiva, intensifica la conciencia de la belleza y la amabilidad hacia nuestra propia persona y los demás, y también aumenta la capacidad de elección, especialmente en nuestra respuesta a experiencias desagradables».

Una historia inspiradora

A menudo, surgen dudas sobre cómo es la experiencia del paso 2, que puede ocurrir de forma sutil o considerarse normal en la vida cotidiana. Lo que sigue es un relato de mi propia experiencia en la realización de prácticas basadas en mindfulness y compasión que puede ilustrar cómo cultivar las etapas en el camino hacia el paso 2:

Una mujer de 72 años que acudía al grupo de meditación semanal en una unidad básica de salud tras haber sufrido un derrame cerebral dijo que le molestaba mucho tener que comer sin nada de sal. Después de algunas semanas explicó que ya no estaba enojada por tener que comer sin sal, porque ahora aceptaba esa situación y tomaba la comida como si tuviera sal; además estaba feliz por compartir esa experiencia con nosotros. Después de unas semanas, descubrió el verdadero significado de la aceptación compasiva. Aceptar los alimentos sin sal y descubrir, apreciar y disfrutar su verdadero sabor, tal como son, sin necesidad de enmascararlos con sal. Nos compartió su curiosidad, alegría y felicidad por el descubrimiento.

EJERCICIO MEDITATIVO PARA EXPLORAR EL PASO 2

Elige la postura que te resulte más cómoda, puede ser tumbado o sentado. Hazlo tomando conciencia de la postura, de cómo todo el cuerpo está en contacto con la superficie, de todas las sensaciones. Simplemente observa tu respiración tal como es en este momento, sin hacer nada especial.

Te invito a abrirte con ternura y gentil curiosidad para notar las sensaciones de malestar e incomodidad en este campo de conciencia. Puedes notar sensaciones de tensión muscular o dolor o sensaciones de temperatura desagradable en alguna parte del cuerpo.

Nota la respiración y permite llevar esta respiración suave a la parte del cuerpo que está notando las sensaciones desagradables en ese momento. Calmando cualquier malestar que puedas estar sintiendo en cualquier parte de tu cuerpo. Cuida este malestar como cuidarías a alguien que necesita atención, y esa persona eres tú. Quizás en ese momento puedas notar una sensación de resistencia, más que el dolor o el malestar en sí.

Si notas resistencia, investiga un poco más directamente, como si estuvieras iluminando algo escondido en las sombras. Puede ser que la resistencia que estás notando sea como una superficie rígida, que poco a poco va cediendo a medida que respiras: inhalas y tomas conciencia de la rigidez, exhalas y la liberas.

Quizás notes que poco a poco las sensaciones de rigidez se vuelven más flexibles, más suaves, permitiéndote notar que esa superficie no era tan rígida como pensabas, aceptando la experiencia tal como es.

Sientes cómo las sensaciones cambian cada vez que te abres a la experiencia de dolor o malestar. ¿Puedes notar la molestia o el dolor con un poco más de precisión? Explorando un poco más, quizás puedas darte cuenta de que el dolor está localizado en un punto de tu espalda y no en toda la espalda, e incluso puedas encontrar alguna agradable sensación de relajación en alguna parte de tu espalda. Te invito a explorar tu propia experiencia en este momento, abrazándola con ternura.

Si notas algún tipo de pensamiento que te lleve a alguna emoción o sentimiento de miedo o ansiedad, permítete sentir tu respiración, inhalando amabilidad y exhalando compasión, dándote cuenta de cómo puedes aflojar tus músculos tanto como sea posible. Imaginando la respiración impregnada de amabilidad, habitando todo tu cuerpo, todo tu ser.

Si notas y sientes que tu experiencia es abrumadora o tu respiración es muy intensa, expande tu campo de conciencia incluyendo otros aspectos de tu experiencia, puedes dirigir la atención a otra parte del cuerpo, como las manos, o bien a los sonidos, la temperatura ambiente... Puedes tocar alguna parte del cuerpo, notar las sensaciones. Observa que tanto los pensamientos como las emociones fluyen de la misma manera que fluye la respiración. Deja que las sensaciones fluyan, que vayan y vengan, cambiando constantemente.

Concluyamos esta práctica con amabilidad, notando cómo el entorno reverbera en tu interior. Poco a poco, muévete con cuidado, haciendo el movimiento que tu cuerpo te pide y dejando que la actitud de autocompasión y amabilidad te acompañe durante todo el resto del día.

Enseñanzas inspiradoras de la experiencia de Vidyamala Burch sobre el paso 2

Hay un artículo muy inspirador que escribió Vidyamala sobre cómo se enfrentó a su propio dolor que te recomiendo leer de manera completa. Se titula «Being here» (en castellano, «Estar presente»; (Burch, 2000). Allí, Vidyamala comparte un *insigth* que experimentó durante una noche que debía estar sentada en la cama para que le hicieran unas pruebas en una sala de cuidados intensivos. Hacía meses que no se incorporaba por el dolor que experimentaba y pensaba que no iba a poder hacerlo.

Dice Vidyamala:

> Pasé unas horas con la sensación de estar al borde de la locura, dándole vueltas a si podría aguantar la noche. Había una voz que me decía: no puedo con esto, es imposible, no puedo aguantar hasta la mañana, me voy a volver loca. Otra voz me decía: tienes que hacerlo, una y otra vez, durante lo que me pareció una eternidad. Fue una de las experiencias más intensas y difíciles de mi vida.
>
> Entonces, de repente, desde dentro de aquel caos y tensión, irrumpió una sensación de lucidez que contenía el mensaje, otra vez en forma

de voz: no tienes que aguantar hasta la mañana, solo tienes que atravesar el momento presente. Al mismo tiempo, mi experiencia cambiaba por completo. Fue como un castillo de naipes que se derrumbaba, y lo único que quedaba era espacio. De repente el momento había cambiado desde un estado de agonía, desesperación y contracción a uno suave, pleno, relajado y rico, a pesar del dolor físico.

Tuve mucha suerte al poder vislumbrar en el hospital hace tantos años una perspectiva más creativa. Desde entonces, mi tarea diaria ha sido la de transformar las reacciones de cada momento con el propósito de poder cultivar poco a poco un estado mental positivo, aun cuando mi cuerpo me molestara. Todos nos encontramos a diario con situaciones en las que no podemos hacer desaparecer el dolor, y vamos a seguir encontrándonos con ellas en tanto vivamos en este mundo inestable. Pero dentro de esa misma inestabilidad siempre podemos encontrar libertad en nuestras respuestas. Podemos cambiar nuestras experiencias del dolor, sea mental, físico o emocional. De ser algo que rehuimos se puede convertir en una experiencia dinámica y fluida con las sensaciones que en cada momento surgen y se desvanecen dentro de una conciencia amplia y suave.

Luego continúa:

El cambio llega despacio e imperceptible, pues es como construir una montaña a partir de granos de arena. No es fácil. A veces me sorprendo por lo insistentes y, en apariencia, obstinadas que son las reacciones automáticas, con lo fuerte que suena la voz en medio de la noche que dice: «Esto no lo quiero». Pero una cosa que me da ánimo es la confianza y la fuerza que surgen en mí cuando soy capaz de ir al encuentro de lo que me está pasando con sinceridad —aunque sea difícil—, sin insensibilizarme ante la experiencia, ni abandonarme a ella. Simplemente, dejándola estar como una experiencia momentánea rodeada del espacio que contiene también la posibilidad de elegir.

RESPIRAR Y MOVERSE CON EL PASO 2

En el capítulo 9, «Respirar y moverse con los 6 pasos», encontrarás algunas sugerencias y ejercicios simples para practicar el paso 2 desde la perspectiva de la respiración y el movimiento (incluye además una audioguía para este paso en particular).

Capítulo 4

Paso 3: Ir al encuentro de lo agradable

Adriana Mauleon

Si estás leyendo esto, prepárate.
A partir de aquí, ¿qué quieres recordar?
¿Cómo se desliza la luz del sol por un suelo brillante?
¿Qué olor a madera vieja flota, qué sonido suave
del exterior llena el aire?

¿Traerás alguna vez un regalo mejor para el mundo
que el respeto que respiras y que llevas
dondequiera que vayas ahora mismo? ¿Estás esperando
a que el tiempo te muestre mejores pensamientos?
Cuando te des la vuelta, a partir de aquí, levanta
esta nueva mirada que has encontrado; lleva hasta la noche
todo lo que quieras de este día. Este tiempo que pasaste
leyendo o escuchando esto, guárdalo para toda la vida.

¿Qué puede darte alguien mejor que ahora,
empezando aquí, en esta misma habitación, cuando te des la vuelta?

WILLIAM STAFFORD

Introducción al paso 3 y cómo se relaciona con los 6 pasos a nivel global

Hasta ahora, el capítulo 2, «Paso 1: la conciencia es posible», nos ha mostrado que podemos tomar mayor conciencia de los diversos elementos de nuestra experiencia: sensaciones físicas, pensamientos y emociones. Podemos detenernos por un momento y darnos cuenta de a dónde dirigimos nuestra atención. Este paso también nos ha enseñado que podemos identificar la experiencia primaria, eso que está sucediendo en el cuerpo, y luego lo que la mente añade ante eso que experimentamos, todo ese malestar emocional. Esta base nos ha permitido ir al paso 2, acercarnos a lo desagradable. Aunque es algo que no haríamos normalmente, podemos notar el efecto que tiene en nosotros soltar cualquier resistencia y acercarnos a lo desagradable con amabilidad, cultivando la aceptación.

En vez de enfocarnos en eso que no queremos que esté sucediendo, luchando o resistiendo la situación, anhelando que las cosas sean como antes, o recordando las cosas que hacíamos y ya no podremos hacer, conviene llevar la atención a las cosas que todavía tenemos, que están aquí, en este momento de nuestra experiencia.

Podemos hacer uso de esta misma capacidad de darnos cuenta a qué le presta atención nuestra mente y después llevar la atención a donde queramos (algo que hemos practicado desde el paso 1 y 2), para dirigir la atención a los aspectos agradables que ya están sucediendo en este momento, que es la propuesta del paso 3.

Es como cuando vas caminando por un jardín con el césped muy alto y ves algunas flores por aquí y por allá, arbustos, algún árbol, elementos que resaltan a primera vista. Quieres tomar un descanso y te sientas o recuestas sobre el césped, miras más de cerca la tierra y comienzas a ver pequeñas flores amarillas junto a ti, otras un poco más grandes y moradas un poco más lejos, tal vez algún insecto paseando entre ellas. Estas pequeñas cosas ya estaban ahí, solo tenías que detenerte para verlas con curiosidad y receptividad.

Descripción general y evidencias científicas relacionadas con el paso 3

Tal vez ahora puedas recordar algún momento en tu vida, en el que hayas tenido mucho trabajo, esos momentos cuando piensas que tienes el tiempo justo para terminarlo. Imagina ahora que te enteras de que un compañero de trabajo se ha ido, y parte de ese trabajo te lo darán a ti, con lo cual tendrás que dedicar más tiempo a trabajar. En esos días de mucho trabajo y estrés, recibes la noticia de que tu auto se averió y tienes que llevarlo a reparar, lo que te tomará un tiempo que no tenías planeado y dinero. Quedas en ver a un amigo para comer y te pregunta: «¿Cómo te va?». ¿Qué dirías? Tal vez lo primero que llega a tu mente son todas estas malas noticias (mucho trabajo, poco tiempo, avería del coche...). Solo te llegan a la mente las cosas desagradables. ¿Te ha ocurrido alguna vez?, pues esto es muy natural.

La mente del ser humano detecta más rápidamente los aspectos desagradables o negativos, a esto se le llama sesgo hacia la negatividad. Esta tendencia viene por la misma evolución de las estructuras y procesos del cerebro humano, es algo que nos ha ayudado a sobrevivir, pues gracias a ello podemos detectar con rapidez los peligros, amenazas y errores para poder actuar y ponernos a salvo. Como cuando vas caminando por una calle que te parece oscura y solitaria y decides tomar otro camino, o cuando sacas una comida de tu refrigerador que ha estado allí unos días, la hueles, la observas con suspicacia y decides que es mejor no comerla para evitar algún problema estomacal.

En contraste con las experiencias agradables, la información negativa se percibe con más rapidez que la positiva. Por eso se dice que las experiencias negativas se adhieren a la mente como el velcro, mientras que las positivas pasan como si fuera teflón, apenas las percibimos, a menos que sean experiencias agradables muy intensas (Hanson, 2009). Generalmente, percibimos el dolor intenso en todo el cuerpo, como un malestar generalizado, mientras que las sensaciones agradables las sentimos en áreas más específicas (Burch, 2016).

Muchas de las experiencias o sensaciones agradables las aceptamos sin más y pasan desapercibidas. Tal vez puedas recordar cuando has estado muy cómoda en un café tomando tu bebida favorita. La temperatura ambiente es templada, la iluminación es adecuada, hay música agradable a un volumen discreto y tu bebida es lo que esperabas. ¿Qué pasa cuando en este lugar hace más frío de lo normal o la música está a un volumen más fuerte o a tu bebida le faltó sabor? Estos aspectos saltan a nuestra mente, mientras lo agradable sencillamente lo damos por hecho, a menos que sean experiencias gratas muy intensas o novedosas.

Cuando la mente está más atenta a los aspectos o experiencias negativas, ocurre un efecto de estrechamiento, pues se enfoca en ello, reduciendo la franja de sensibilidad hacia otros aspectos que están sucediendo en ese momento en nuestra experiencia. Esta negatividad impregna incluso la forma en que vemos el mundo, pues nuestra atención es selectiva, lo que nos lleva a ver más aspectos negativos, y entramos en un círculo vicioso.

Vidyamala dice: «Una vida plena y gozosa no se limita a la ausencia de sufrimiento» (Burch, 2016). Podemos entonces equilibrar este sesgo a lo negativo, esta tendencia natural para poder ver con más amplitud nuestra experiencia. Al notar las cosas agradables que están sucediendo en este momento, no estamos tratando de borrar o ignorar lo desagradable o incómodo, tampoco de transformar lo desagradable en agradable. Lo que estamos haciendo, es ampliar nuestra franja de sensibilidad hacia las cosas agradables, placenteras y bellas de la vida, equilibrando nuestra experiencia del momento presente. Este reequilibrio te permitirá ver tu vida desde una perspectiva más amplia, para que la enfermedad, el dolor o las dificultades de la vida no te afecten tanto (Burch, 2016).

Para desarrollar este equilibrio, a través de un mecanismo llamado neuroplasticidad, haremos uso de la forma en que funciona y está estructurado nuestro cerebro, que aprende todo el tiempo, se adapta y cambia con las experiencias. Constantemente, se desarrolla una actividad neuronal compleja, se generan redes neuronales que se fortalecen ante la repetición de pensamientos y comportamientos o se debilitan cuando no acudimos tanto a ellas. Por lo que una actividad neuronal que se repite siempre de forma consciente puede cambiar la estructura neuronal permanentemente (Hanson, 2009).

Esta característica biológica de plasticidad neuronal, investigada por el doctor Donald Hebb, se resume en que «las neuronas que se activan juntas se conectan juntas». Es decir, la activación simultánea de un conjunto de neuronas, llamada trazo de actividad, hace que esta red de neuronas se vuelva fuerte permanentemente, así la mente moldea al cerebro (Hanson, 2013).

La práctica del paso 3, ir al encuentro de lo agradable, nos permitirá hacer este equilibrio del sesgo hacia lo negativo, de forma que tenga un impacto en nuestro cerebro. Además, crearemos recursos internos que nos lleven a tener mayor resiliencia para tener una perspectiva más amplia cuando estemos pasando por situaciones difíciles o desagradables.

Consideremos ahora cuáles pueden ser los aspectos agradables. Por supuesto, podría ser ir de vacaciones a nuestro lugar favorito, ganar un premio, cambiar nuestro guardarropa o remodelar nuestra casa. Sin embargo, puede ser difícil acceder a estas situaciones con frecuencia, aunque podemos notar otros aspectos agradables que ya están sucediendo ahora, que ya están ahí, solo tenemos que mirar hacia ellos. Como la sensación de frescura del aire cuando respiras, la tibieza de las manos, la ausencia de hambre o de cansancio.

Una vez que notes la sensación agradable, permanece en ella por unos instantes, reconociéndola con curiosidad, notando sus características, así como el efecto que produce en el resto de tu experiencia física y mental. Existen otros tipos de placer aparte de las sensaciones físicas, como el placer que podemos experimentar al compartir algo que nos gusta con alguien más, al ser generosos, al terminar un proyecto o conseguir algo que queríamos (Dharmakirti y Ratnaguna, 2020). Simplemente se trata de tomar conciencia de ello y permitir que impregne toda nuestra experiencia, manteniéndonos con curiosidad y aprecio por estos placeres que encontramos diariamente.

Así, el cerebro puede ir moldeándose con nuevos comportamientos y pensamientos, lo que nos lleva a ver nuestra vida con mayor perspectiva, apreciando los aspectos ordinarios, sutiles y placenteros de nuestra experiencia.

EJERCICIO MEDITATIVO PARA PRACTICAR EL PASO 3

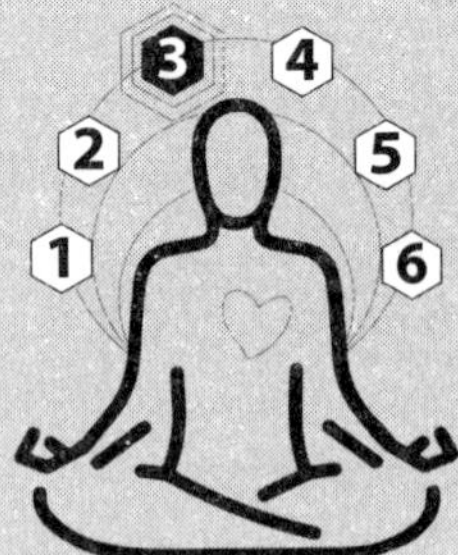

Esta práctica te permitirá cultivar la curiosidad y el aprecio por las experiencias agradables que están sucediendo en este momento, desarrollando una mayor sensibilidad hacia toda esta franja de sensaciones.

Toma una postura cómoda. Si está bien para ti, cierra los párpados.

Comienza por reconocer cómo es esta postura que has adoptado, nota todo tu cuerpo. Lleva tu atención hacia las partes del cuerpo que están en contacto con la superficie que te sostiene. El contacto de los pies con el suelo, parte posterior de muslos, glúteos, suelo pélvico. Nota las partes de tu espalda que están apoyadas. Lleva tu atención hacia los hombros y toma conciencia del peso de los brazos. Siente tus manos establemente apoyadas sobre tu regazo o muslos. Ahora dirige la atención hacia tu cabeza. Suaviza, en la medida de lo posible, el rostro, la mandíbula, los labios en tu siguiente exhalación. En tu siguiente inhalación, toma conciencia de todo el cuerpo nuevamente, y al exhalar suelta el peso del cuerpo un poco más hacia las superficies que te sostienen, hacia todos estos puntos que has reconocido.

Gradualmente, dirige la atención hacia la respiración, comienza a familiarizarte con ella notando las sensaciones que produce este inhalar y exhalar. ¿Dónde sientes la respiración? Tal vez en el área de la nariz o en alguna parte del torso. Con curiosidad, percibe cómo son las sensaciones de la respiración que comienzan a aparecer en tu conciencia. Quédate por unos instantes notando las sensaciones en el torso: ¿cómo sientes la respiración en el abdomen? ¿Puedes notar la expansión y retracción cuando respiras? Dirige la atención hacia el pecho: ¿cómo es la respiración en esta área? ¿Y hacia la espalda? ¿Puedes notar alguna sensación al inhalar y al exhalar? Nota sensaciones tanto sutiles y ligeras como intensas, incluyéndolas en tu experiencia.

Tal vez para este momento ya hayas notado si hay pensamientos, recuerda que puedes dejarlos pasar, tomando conciencia de ellos y soltándolos.

Observa ahora si en tu experiencia hay alguna sensación de incomodidad, tensión o rechazo. Al inhalar, lleva tu atención hacia esa área y al exhalar puedes imaginar que el aire se dirige ahí, suavizando y soltando en la medida en que te sea posible.

Ahora amplía tu atención un poco más para notar las sensaciones que te parezcan agradables en este momento. No te apresures a encontrar alguna, date tu tiempo. Con curiosidad puedes llevar tu atención a las sensaciones y notar si son agradables. ¿Dónde las sientes?, ¿cómo son? Puede ser agradable la sensación del aire entrando a tu cuerpo. Tal vez es agradable sentir lo que tus manos están tocando o sentir calor en alguna parte del cuerpo. Cuando encuentres una sensación agradable, quédate en ella por unos instantes, reconociéndola, sintiéndola, y nota el efecto que tiene en el resto de tu experiencia, en tu cuerpo y mente.

Si no encuentras sensaciones agradables, no te regañes, ni juzgues por ello, con amabilidad mantente en una actitud receptiva y de curiosidad. Date tu tiempo.

Es posible que algo agradable sea el simple hecho de estar con atención en este momento o algún sonido o aroma que llegue a ti.

Quédate por unos instantes notando las sensaciones agradables, recuerda incluir sensaciones sutiles, tal vez difusas, así como las más intensas y claras. ¿Dónde las sientes? ¿Ya cambiaron?

Y cada vez que te des cuenta de que tu mente se ha distraído, regresa amablemente tu atención a seguir notando las sensaciones agradables que haya en este momento.

Poco a poco, lleva tu atención nuevamente hacia la postura, al contacto de tu cuerpo con la tierra o la silla. Antes de concluir con la práctica, toma unos instantes para recordar: ¿cómo ha sido esta práctica para ti? ¿Cómo ha sido ir al encuentro de sensaciones agradables? ¿Cómo eran?

Poco a poco, comienza a finalizar la práctica moviendo amablemente tu cuerpo, y cuando te sientas bien, abre los párpados.

Práctica informal para la vida cotidiana

En los días siguientes, practica el notar las sensaciones agradables conforme van sucediendo en tu día a día. Reconócelas en tu experiencia, quédate unos instantes en esas sensaciones con curiosidad y aprecio. Al final del día, puedes hacer una lista de todas esas sensaciones agradables que notaste conforme iban sucediendo o que en ese momento recuerdes que fueron agradables para ti.

En los momentos donde te encuentres con estrés y pienses que ese día no hiciste lo suficiente o piensas en todo lo que te falta por hacer, toma unos instantes al final del día y haz un recuento de todas las cosas que sí hiciste. Notando y apreciando lo grato que es haberlas hecho.

Cuando hagas el ejercicio meditativo y estas prácticas, no te sorprendas si te encuentras agradeciendo por esas cosas agradables que estás notando. Esta meditación nos lleva naturalmente al cultivo de la gratitud y el aprecio por las cosas pequeñas, simples y hasta rutinarias de nuestra vida, envolviéndolas con un sentido de belleza y gratitud.

RESPIRAR Y MOVERSE CON EL PASO 3

En el capítulo 9, «Respirar y moverse con los 6 pasos», encontrarás algunas sugerencias y ejercicios simples para practicar el paso 3 desde la perspectiva de la respiración y el movimiento (incluye además una audioguía para este paso en particular).

Capítulo 5

Paso 4: Un recipiente más grande

Medhavin Velasco

Siento que el barco mío
ha tropezado, allá en el fondo,
con algo grande.
¡Y nada sucede!
Nada... Quietud... Olas...
¿Nada sucede; o es que ha sucedido todo,
y estamos ya, tranquilos, en lo nuevo?

JUAN RAMÓN JIMÉNEZ

Introducción al paso cuatro y cómo se relaciona con los 6 pasos a nivel global

Con los pasos anteriores hemos explorado que cuando experimentamos dolor, alguna condición de salud difícil o simplemente alguna incomodidad, por momentos, nuestra experiencia parece ser reducida, estrecha, como si nuestra vida se centrara solo en la incomodidad y en lo difícil, magnificándolo. Entonces pareciera que la mejor manera de lidiar con ello fuera apartarnos, huir o rechazarlo. Pero con los primeros 3 pasos de RespiraVida BreathWorks hemos constatado que no es así, que pelear, huir o ignorar nuestra experiencia difícil la cubre con dolor e incomodidad adicional, en vez de eliminarla. Que dejar de pelear con nuestra condición puede incluso resultar liberador y abrirnos a nuevas perspectivas acerca de nuestra experiencia.

Para llegar al paso 4, que ahora nos proponemos explorar, en nuestro camino de mindfulness y compasión, hemos aprendido que, a través de diversos recursos y estrategias, es posible descifrar en forma detallada lo que identificamos como «nuestra experiencia». En el paso 1 aprendimos a ser conscientes del cuerpo y sus sensaciones y a reconocer y diferenciar entre lo que sucede en el cuerpo y los sentidos y lo que la mente hace con todo ello. Anclando nuestra atención en la respiración, en las sensaciones que produce en el cuerpo, llegamos a reconocer la presencia e incluso el surgir de los pensamientos y a observarlos como eventos mentales (Chambers, Gullone y Allen, 2009), observando la historia que cuentan y cómo nos deja atrapados en un ciclo expansivo de rechazo y sufrimiento adicional. Esto en sí es ya un cambio importante en nuestra perspectiva de lo que sucede, porque observamos como los pensamientos pierden fuerza, cuando con amabilidad, invitamos a la mente simplemente a sentir, a explorar, a descansar en lo sensorial, ya sea recostados, sentados o en movimiento. Descubrimos que, cuando nos persuadimos con suavidad, es posible que de forma natural surja en nuestra experiencia un espacio de calma y de quietud, que algunos refieren como una sensación de paz.

La práctica del paso 2 nos provee de recursos suficientes para aproximarnos a lo incómodo, a lo que habitualmente rechazamos y así, de la misma manera en la que observamos con curiosidad e interés las sensaciones en el cuerpo y la respiración, también podemos observar lo incómodo. Posteriormente, descubrimos que hay otro espectro por explorar, uno muy sutil y que se halla presente casi en todo momento, pero de manera ensombrecida, el espectro de lo agradable. En el paso 3 es donde la curiosidad juega un papel importante, junto con la receptividad y el aprecio.

Ahora con el paso 4, un nuevo panorama se abre en nuestro camino, y los pasos anteriores serán la base para abordarlo. Con los tres primeros, hemos aprendido a gestionar y focalizar la atención en diversos aspectos de nuestra experiencia, como si lo hiciéramos a través de una lente de acercamiento, descubriendo detalles y matices. Ahora se trata de que esta lente se convierta en angular, uno con la posibilidad de observar con amplitud nuestra experiencia, como si se tratara de un paisaje. Observamos nuestra experiencia con perspectiva, como si, por así decirlo, contempláramos el escenario desde arriba y desde diversos ángulos. Esto hace que, además de los detalles, podamos ver el proceso de todos estos eventos interactuando. Es una habilidad de la mente que se conoce como monitorización abierta o conciencia abierta en contraposición a la conciencia focalizada de los pasos anteriores (Burch, 2016).

Desde los primeros pasos de nuestro programa, hemos ido descubriendo que, al llevar la atención al cuerpo, los sentidos y la respiración, explorando la diversidad de sus matices, texturas e intensidades, la mente puede calmarse por unos momentos y así surge una experiencia de amplitud que le permite observar diversos aspectos de la observación de manera simultánea (Analayo, 2019).

EJERCICIO MEDITATIVO PARA EXPLORAR EL PASO 4

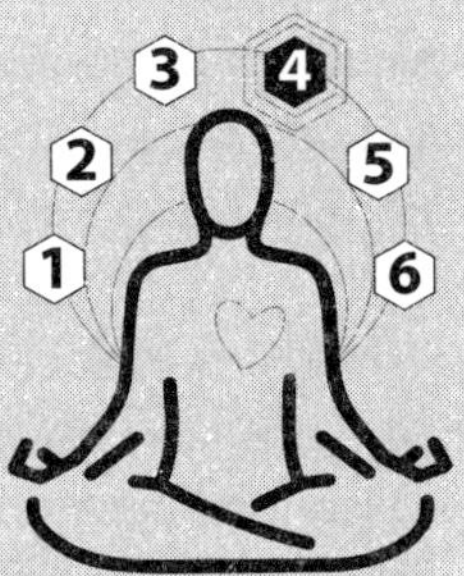

Comienza por acomodar tu cuerpo, observa cómo al irse encontrando cómodo se va aquietando naturalmente. Observa, permite este proceso... y siente el contacto del cuerpo con el suelo y con el asiento en el que te apoyas... Siente el peso del cuerpo, la espalda erguida o apoyada en un respaldo... Suaviza un poco los hombros y los brazos y descansa las manos en el regazo... Siente el peso de los brazos... Deja que el rostro se suavice... Observa con atención las diferentes sensaciones en todo tu cuerpo, recórrelo con curiosidad de los pies a la cabeza... Siente el suave movimiento que la respiración produce en el cuerpo, como si lo meciera suavemente y déjate llevar por este paisaje sensorial que puede ampliarse aún más si recorres cada uno de tus sentidos, lo que ves, los aromas, las sensaciones sobre la piel, el sabor en la boca y lo que escuchas...

Por unos instantes observa la amplitud y el cambio constante de todo el panorama sensorial... Ahora puedes continuar contemplando durante unos cuantos minutos o el tiempo que desees, y para ello cierra suavemente los ojos...

¿Qué tal? ¿Cómo ha ido? ¿Qué has observado durante este ejercicio meditativo?

Tal vez la mente ha buscado enfocarse en algo en particular o haya perdido el interés en la experiencia del momento presente dispersándose, pero tal vez has podido observar tu experiencia sensorial con amplitud e incluso descubrir cómo, al observar los pensamientos como eventos de la mente, estos son como sensaciones en constante cambio. Este tipo de observación es la base, el principio del paso 4. Cuando nos referimos a este paso, hablamos de «un recipiente más grande», porque con lo aprendido en los anteriores, y representado en el espacio de conciencia que practicamos en el ejercicio meditativo que acabamos de explicar, en este paso 4 añadimos lo aprendido en los pasos 2 y 3 al observar simultáneamente sensaciones incómodas y sensaciones agradables y permitir su presencia. Como el escenario es lo suficientemente amplio, ambos tipos de experiencia encuentran un espacio en el cual suceder sin tener que rechazar ninguno de ellos o aferrarnos a alguno, e incluso, en el caso de que exista este rechazo o aferramiento, nos permite soltarlos o suavizarlos. Por eso, decimos que observamos con ecuanimidad, porque no negamos ni ignoramos lo que sucede, no conceptualizamos o queremos encontrar explicación alguna, ni tampoco lo rechazamos o nos aferramos a ello. Simplemente, observamos y permitimos.

Una contemplación así nos permite la regulación emocional (Chambers, Gullone y Allen, 2009). Podemos, por ejemplo, profundizar en la observación de que lo que identificamos como dolor son sensaciones en cambio constante, que no es algo fijo ni sólido, que tú no eres el dolor (Burch, 2014) y que adicionalmente también hay experiencias agradables que amplían el panorama de nuestra experiencia sensorial y emocional.

Esto es posible, nos dice Paul Gilbert, un psicólogo clínico británico, porque se activa un sistema emocional que llama de calma y satisfacción (Gilbert, 2009). Según el modelo que propone, este sistema es parte de tres sistemas de regulación emocional. Uno de ellos, el de amenaza y defensa, está enfocado en protegernos de las amenazas que nuestro cerebro detecta o interpreta como tales. Otro sistema, el de búsqueda y recompensa, se enfoca en motivar nuestra vida para cumplir metas o desafíos, nos mueve, nos activa e incentiva para desarrollarnos en nuestro grupo o sociedad y nos hace sentir competentes. Estos sistemas son y han sido necesarios y muy importantes en la evolución, supervivencia y desarrollo de nuestra especie. Cada uno de los tres produce un efecto particular en el cuerpo, el cerebro y la mente. Cuando nos sentimos amenazados, el cerebro hace que todos los recursos del cuerpo se destinen a la supervivencia, incluso cuando la mente interprete como amenaza algo que, si bien puede ser difícil, no amenaza nuestra vida. Si esto se produce de manera constante, nuestra salud se ve afectada, es como cuando experimentamos estrés crónico. Si el sistema de búsqueda, con su característica motivante, es el que se mantiene de manera constante, también termina afectando nuestra salud y puede incluso llevarnos a alguna adicción, por lo placentero que resulta cuando nos encontramos en él.

El tipo y el ritmo de vida modernos nos mantienen oscilando entre uno y otro de estos sistemas, e incluso ambos pueden activarse cuando alguna meta o proyecto se ve amenazado. Pero como ya mencionamos, hay un tercer sistema en el que podemos ir a la calma y experimentar satisfacción. Este sistema también ha sido importante en la evolución y en el desarrollo del ser humano, pero parece que ha ido quedando apartado por el acelerado ritmo de la vida moderna que nos invita a la acción constante. Aunque no se había mencionado de esta manera, para cuando llegamos a este paso 4, ya lo hemos experimentado con cada práctica meditativa o de mindfulness que llevamos a cabo en la vida cotidiana.

En este tercer sistema es donde podemos observar nuestra experiencia y nuestra vida con amplitud, desde una nueva perspectiva. Cuando no nos sentimos a la defensiva ni llevados por la búsqueda del logro, podemos observar en nuestra experiencia y en nuestra relación con el mundo hábitos de sobreidentificación con diversos eventos cotidianos, que parecían ensombrecidos, pero que han complicado mental y emocionalmente nuestra vida. Al reducirse los niveles de adrenalina, cortisol y dopamina que impulsan los sistemas anteriores, en este sistema surge un espacio natural para el autocuidado, la amabilidad y la conexión con los demás.

Descripción general y evidencias científicas relacionadas

Las investigaciones han explorado los beneficios para la salud de la práctica de mindfulness y compasión. Alguna sugiere, por ejemplo, que la meditación mindfulness puede mejorar la dinámica del sistema inmune (Black y Slavich, 2016). Otras, más específicas sobre Mindfulness y Compasión para la Salud MBPM, han mostrado, entre otros beneficios, cambios en la interferencia y la reducción del dolor, en la catastrofización y una mejora en la calidad de vida (Agostinis, 2022).

Por lo tanto, en este paso 4 hablamos de perspectiva, porque podemos reconocer, sin culparnos, que volvemos una y otra vez a los mismos hábitos con resultados que nos son familiares y que esperaríamos que fueran diferentes. Al observarlos así, podemos trabajar con ellos amable y pacientemente, como cuando aprendimos a volver a la respiración cada vez que nos distraemos en la meditación. Hablamos de un recipiente más grande porque emocionalmente aprendemos a «contener y sostener» en nuestra experiencia tanto lo incómodo como lo placentero, sin reaccionar de manera automática. Es decir, surge la posibilidad de observar los procesos mentales sucediendo y diferenciar con mayor claridad los contenidos de nuestra conciencia, de las historias que nuestros pensamientos nos cuentan. Observar gradualmente al menos por unos instantes que lo que identifico como «yo» o «mi conciencia» son eventos mentales en constante movimiento (Hölzel, 2011).

Cada uno toma su propio tiempo para desarrollarlo, pero a estas alturas del programa los participantes van reportando avances o comprensiones importantes. Es frecuente que alguno hable de la dificultad que puede representar el no reaccionar de manera habitual: «Me doy cuenta, pero me cuesta parar o no me doy cuenta hasta que ya reaccioné... Aún me falta mucho». Alguien más ha llegado a descubrir el apego al dolor mismo: «Parece que la presencia del dolor, específicamente del sufrimiento secundario, justificaba mi estado de ánimo y lo que hacía con ello. Ahora que ha disminuido, siento algo de miedo, pero al mismo tiempo siento una especie de liberación».

Estas comprensiones aparentemente simples son en sí mismas muy importantes, son un nuevo tipo de intuiciones que no solo provienen de haber aprendido algo teórico, sino de una nueva forma de aprender proveniente de algo más profundo, con elementos de sabiduría, donde podemos respirar con el miedo o la insatisfacción. Así va surgiendo una nueva posibilidad en la regulación emocional, la de decidir qué lobo es el que alimentamos: el del resentimiento, enfado y miedo o el de la atención consciente, la amabilidad y la compasión. Va surgiendo un modo creativo de la mente, en vez del habitual modo reactivo. Se va preparando el terreno para el siguiente paso, la empatía y la conexión con los demás con quienes compartimos hábitos naturalmente humanos.

Una anécdota interesante sobre una persona privada de libertad

Hace siete años estábamos enseñando los 6 pasos a través del programa MBPM en el Centro Federal de Readaptación Social Femenil en México, que alberga a más de dos mil mujeres. Después de explorar el paso 4, Amparo comentó que poner en práctica este paso le había abierto la posibilidad de observar los pensamientos y las emociones que suceden en su experiencia. Contemplar el enfado y el resentimiento de esta manera más amplia en la meditación, notando y sintiendo el proceso que está sucediendo. También mencionó que había detectado tristeza y culpa al mismo tiempo, y que, al mantener su corazón abierto, pudo ver además el deseo de tomar revancha, pero lo que más le sorprendió fue reconocer que, en ese momento, podía elegir entre hacerlo o no y tomar la responsabilidad por ello.

Una metáfora para el paso 4

Imagina la vida como un tablero de ajedrez con las piezas negras y blancas enfrentadas unas a otras. En este tablero, las piezas negras representan las cosas agradables de la vida, y las blancas, las desagradables, y están en permanente enfrentamiento: las piezas negras intentando superar a las blancas, y viceversa. En el juego real del ajedrez, habitualmente hay un color que gana, pero en la vida esto nunca sucede.

La lucha continúa y, a veces, las piezas negras toman la delantera, y otras, las blancas, pero ni unas ni otras llegan a ganar la partida, ni a conseguir la victoria final. Por supuesto, que tomamos partido por las piezas negras, las agradables, y tratamos con ahínco de asegurarnos tener más experiencias agradables que desagradables. Pero al hacer esto, nos enganchamos en una lucha, y si en nuestra vida las cosas no van como planeamos, habitualmente se añade una capa extra de sufrimiento, decepción, frustración, fracaso, etc.

¿No es mejor identificarnos con todo el tablero en vez de identificarnos de esta manera con un lado de la lucha? Aun cuando el tablero incluye y sostiene todas las piezas, las agradables y las desagradables, se mantiene en contacto con todas, pero no se involucra con la lucha.

Esto no quiere decir que deberíamos tratar de evitar el sufrimiento cuando sea posible o intentar alcanzar el éxito, la felicidad y disfrutar de las cosas agradables en la vida. Solo que a veces hay cosas en nuestras vidas que no podemos cambiar y engancharnos en la lucha infructuosa de querer cambiarlas añade otra capa de sufrimiento a nuestra experiencia. De modo que debemos cultivar la posibilidad de abrazar el total de nuestra experiencia, sin rechazar algún aspecto o aferrarnos a otro.

Práctica informal: una pausa para escuchar con un corazón abierto

Para esta pausa solo necesitas un poco de disposición y curiosidad. Cierra los ojos unos instantes y simplemente escucha: ¿qué sonidos percibes?, ¿se producen en la habitación o en el exterior?, ¿son sonidos fuertes o suaves?, ¿son cortos o largos?, ¿son continuos o intermitentes?, ¿fugaces o de larga duración?

Tal vez alguno es incómodo o desagradable. Tal vez notes la tendencia natural al rechazo, como deseando que se detenga, nota si ese rechazo se expresa en el cuerpo como una compresión o en la mente con pensamientos que intentan que sea distinto. Prueba a observar con curiosidad los matices, las texturas, la duración, etc., de ese sonido..., y observa cómo cambia constantemente.

¿Qué otros sonidos percibes? Observa los que encuentres agradables: ¿el sonido de un ave o del aire? ¿Qué sonido percibes que te resulte agradable? Observa también sus matices y texturas, su naturaleza cambiante. Tal vez descubras que hay más de un sonido agradable, algunos incluso apenas perceptibles.

Ahora observa ambos tipos de sonidos sucediendo de manera simultánea con una misma naturaleza cambiante, como un paisaje de sonidos, dinámico, amplio, extenso.

¿Qué efecto produce en tu cuerpo, en tu mente y en tu corazón esta observación? Tal vez notes que el espacio se abre, a diferencia de cuando experimentas rechazo, pues entonces el espacio parece cerrarse, como si vieras las cosas en un túnel estrecho. Disfruta de esta experiencia de amplitud y familiarízate con ella.

RESPIRAR Y MOVERSE CON EL PASO 4

En el capítulo 9, «Respirar y moverse con los 6 pasos», encontrarás algunas sugerencias y ejercicios simples para practicar el paso 4 desde la perspectiva de la respiración y el movimiento (incluye además una audioguía para este paso en particular).

Capítulo 6

Paso 5: Conexión y humanidad compartida

Leandro Pizzuti

> Tú eres yo y yo soy tú.
> ¿No es obvio que nosotros «intersomos»?
> Tú cultivas la flor misma
> para que yo sea hermosa.
> Yo transformo la basura en mí mismo
> para que no tengas que sufrir.
>
> Thich Nhat Hanh

Introducción al paso 5 y cómo se relaciona con los 6 pasos a nivel global

Nuestro viaje comenzó con el desarrollo y el fortalecimiento de una presencia consciente, observando los acontecimientos internos y externos a medida que suceden de una manera abierta, receptiva y sin juzgar. De este modo, se crean las condiciones para el paso siguiente, abriéndose al contacto con la incomodidad, el dolor o el sufrimiento y, en la medida de lo posible, renunciando a intentar bloquear o sobreidentificarse con el malestar, lo que libera nuestra energía y nuestros sentidos. Esta apertura abre el espacio para la búsqueda de lo agradable y lo placentero, siempre presente en nuestras vidas, aunque, por ser en pequeñas cantidades, puede pasar desapercibido. Después de ejercitar en forma alterna la percepción de lo desagradable y de lo agradable, ampliamos nuestro campo de conciencia para desarrollar la estabilidad y la ecuanimidad ante las percepciones, por el simple hecho de que las experiencias siempre están entrelazadas. Ahora llegamos al paso 5, que es la apertura a la dimensión social y altruista de mindfulness. Esta dimensión está presente en nuestro interior con mayor o menor apertura, según sean nuestras tendencias y nuestra historia de vida, pero a través de su cultivo buscamos ampliar la fuente natural de bienestar y salud, individual y colectiva. En el proceso de trabajar con su dolor, Vidyamala comparte:

> Otra manera de usar el sufrimiento personal de forma positiva es verlo como un momento de empatía con otras personas que están sufriendo. Para mí, este es el aspecto más tierno y fascinante de vivir con el dolor, y va a la raíz de la humanidad que compartimos. Cuando he sido capaz de mantenerme consciente de mi sufrimiento en el momento presente de manera tierna y amable, he tenido la sensación de que mi experiencia se iba haciendo más profunda, más allá de los detalles circunstanciales de mi propia condición, hasta alcanzar una empatía con lo universal. Me siento conectada con todos los seres que sufren, y me importan mucho. Ya no me siento tan separada [...].
>
> En lo más profundo de aquella experiencia —continúa diciendo Vidyamala—, está el saber lo que significa ser humano. Esta es una experiencia de una intensa belleza y un antídoto para el orgullo, al pensar que yo debería ser la excepción al sufrimiento humano. En vez de preguntar: «¿Por qué a mí?», me pregunto: «¿Por qué no a mí?». Mi sufrimiento se desviste de su drama personal para conver-

tirse en una simple expresión de ser humano y estar vivo en este mundo (Burch, 2000).

Descripción general y evidencias científicas relacionadas

El ser humano es un ser social, como mamíferos, la búsqueda por convivir con nuestros semejantes está impresa en nuestro ADN. Una de nuestras características es que tenemos pocos descendientes y dedicamos una atención especial a cada uno para que tengan las máximas posibilidades de desarrollarse y de llegar a la edad adulta. Ese cuidado reside en sistemas biológicos que promueven el cuidado, la conexión y el involucramiento de los padres con sus hijos, es el llamado sistema de apego. La conexión es bidireccional, generando seguridad, satisfacción y aprendizaje mutuos, con el apoyo biológico en diversas sustancias químicas producidas por nuestro organismo, como la oxitocina, y por las redes fisiológicas, como el sistema nervioso parasimpático, para crear y fomentar conexiones (Gilbert y Simos, 2022).

En cierto modo, somos quienes somos a través de la experiencia de las conexiones que hemos experimentado: te invito a imaginar cómo sería tu versión actual si te hubieras desarrollado en un contexto muy diferente al vivido, por ejemplo, en una comunidad agrícola, en una isla remota sin contacto con el continente, o en un barrio superpoblado de una gran metrópoli. Probablemente, serías una versión diferente a la que eres hoy. Asimismo, el desarrollo de nuestro cerebro presupone que habrá relaciones de cuidado y atención, porque su ausencia trae consecuencias muy graves, como la pérdida de su potencial de desarrollo, llegando al extremo de la atrofia cerebral en los casos más severos de privación (Perry, 2002).

Nuestros sistemas emocionales se pueden dividir en un modelo de tres componentes principales (emociones relacionadas con la amenaza y la defensa, con la búsqueda de recursos y la recompensa y con la calma y el contentamiento) y se desarrollan y son continuamente influenciados por nuestras conexiones interpersonales. Durante la niñez, el cuidado materno estimula el sistema de calma y contentamiento en el niño y en el cuidador, desarrollando y fortaleciendo las bases fisiológicas internas y el repertorio para la regulación emocional, que se aplica tanto a las emociones negativas como a la generación de emociones positivas, y constituye la base para el desarrollo posterior de las relaciones sociales (Gilbert, 2015). Cuando experimentamos relaciones suficientemente buenas durante la infancia, además del desarrollo de habilidades relacionales, desarrollamos la confianza en que es posible tener una relación positiva y saludable con otras personas. Además, sentimos que compartimos las mismas posibilidades de acertar y equivocarnos frente a los desafíos de la vida, igual que las demás personas.

La existencia de fuertes conexiones sociales se relaciona con una mejor salud física y una mayor felicidad. Un estudio que comparó las ciudades de Roseto y Bangor, en el estado de Pensilvania, Estados Unidos, demostró claramente el efecto protector de la existencia de vínculos sociales fuertes. Roseto era una ciudad de inmigración típicamente italiana, con una fuerte conexión social entre las familias. Su característica era una tasa de mortalidad de causa cardiovascular sorprendentemente baja, a diferencia de Bangor, típicamente estadounidense en su ritmo de vida y en la dinámica de las relaciones sociales.

Roseto creció recibiendo varias familias que no tenían el mismo funcionamiento social, lo que generó modernización de las costumbres después de los años sesenta, pues ya no se reunían en los patios ni compartían comidas con los vecinos. Por lo tanto, el efecto de protección cardiovascular ya no estaba presente y se equiparó el riesgo de la enfermedad cardiovascular con el resto del país (Egolf *et al.*, 1992). El *Harvard Study of Adult Development* se hizo durante más de setenta años, con el objetivo de detectar los aspectos responsables de que se generara mayor salud y felicidad (Waldinger y Schulz, 2023). Se siguió a más de setecientos hombres desde su adolescencia, en 1938, hasta que se convirtieron en octogenarios. La conclusión más importante fue que la existencia de buenas relaciones sociales fue el factor decisivo para que se diera ese resultado. La percepción de estar excluido del grupo social puede generar una activación cerebral similar al dolor físico, como se demuestra en un estudio de neuroimagen funcional (Eisenberger, 2012), ya que se traduce objetivamente una percepción que mucha gente describe de este modo: ser excluido de un grupo o de una relación duele.

En algunos períodos de nuestra vida, sobre todo en aquellos con estrés o con un exceso de actividades, se suelen reducir las relaciones sociales y la interacción con las demás personas, pues estamos atrapados por exigencias del trabajo. Paradójicamente, este cambio puede reducir nuestra funcionalidad, aumentando nuestros niveles de estrés y alejándonos de los mecanismos naturales de generación de bienestar, en un círculo vicioso. Por otro lado, el dolor es una experiencia universal en la especie humana y también en otras, ya que tiene el potencial de convertirse en una fuente de conexión entre las personas. Vidyamala Burch nos invita a explorar el dolor como «nuestra versión particular de la difícil condición humana» (Burch, 2014), lo que trae la posibilidad de que, al saber cómo se manifiesta en nosotros el dolor y/o la enfermedad, podamos tener una noción de cómo se manifiesta en otras personas. Esta forma de percatarse, asociada al cultivo de la «aceptación compasiva» (paso 2) es la base para desarrollar una actitud de amabilidad y cuidado hacia nosotros mismos, desde la que podemos extender esta actitud a otras personas. En el paso 5 te invitamos a notar este fenómeno y a incluir intencionalmente la visión y las relaciones con otras personas como un elemento que promueve el bienestar.

Una historia inspiradora

Pedro (nombre ficticio) describe que imagina como si todas las personas estuvieran flotando sobre boyas conectadas con cuerdas, que las mantienen bastante cerca unas de otras. En un momento de su vida, enfermó emocionalmente y tuvo la sensación de que fue como si esos hilos se hubieran roto y él estuviera a la deriva, sin dirección ni cercanía con otras personas, con mucha tristeza y miedo. Describe que su proceso de recuperación fue como si hubiera encontrado de nuevo alguna de las cuerdas y así pudo acercarse otra vez, renovando conexiones y haciendo otras nuevas, sintiéndose nuevamente conectado y seguro.

EJERCICIO MEDITATIVO PARA EXPLORAR EL PASO 5

Descansa tu conciencia dentro de tu cuerpo, en las sensaciones de la respiración, tal vez eligiendo un punto específico donde sea posible percibirla de una forma más profunda. Imagina que tu respiración se va impregnando gradualmente de amabilidad, inhalando y exhalando bienestar, paz y acogiendo cualquier otra cualidad que tenga sentido para ti. Quizás puedas usar palabras para representar tu amabilidad si lo prefieres, algo como «que yo esté bien», o cualquier otra palabra que tenga sentido y permite que esta intención pueda asentarse dentro de ti.

Ahora puedes invitar a un ser querido a estar a tu lado en pensamiento. Una persona que pueda representar a las demás personas que te gustan en tu vida. Quédate en tu propia experiencia personal, incluido tu amigo o amiga en tu conciencia. Esta persona puede ser diferente a ti en muchos aspectos, pero probablemente comparte muchas de tus experiencias. Así como tú, tiene experiencias dolorosas o desagradables que preferiría evitar y experiencias agradables o placenteras a las que tiende a apegarse. Por eso te invito a conectarte con la humanidad compartida con esta persona querida. En lugar de enfocarte en las diferencias, intenta notar las similitudes.

Luego puedes incluir a esa persona querida en tu campo de amabilidad. Cuando inhalas, imagina que te estás impregnando de amabilidad. Cuando exhalas, imagina que la estás dirigiendo hacia esa persona. Puedes utilizar palabras para dirigir tus buenos deseos, para ti y para la persona querida, haz lo que tenga más sentido para ti.

Puedes ampliar aún más tu campo de conciencia, incluyendo a otras personas, que pueden ser de tu alrededor o de la región donde te encuentras, o con las que te relacionas en otros contextos. Todas estas personas tienen potencial para vivir las mismas situaciones que tú: tener experiencias difíciles o dolorosas de las que quieren alejarse o experiencias agradables y placenteras a las que se aferran o desean. Por unos momentos, intenta conectarte con la humanidad que compartes con ellas.

Luego permítete compartir amabilidad y buenos deseos a través de tu respiración. Al inhalar, inspira conexión y empatía por las personas, al exhalar, espira amabilidad y buenos deseos para toda la humanidad. En lugar de centrarte en las diferencias, intenta conectar con las semejanzas.

Descansa en los movimientos y sensaciones de la respiración en tu propio cuerpo, manteniendo un sentido de apertura hacia los demás. Gradualmente, comienza a moverte, reconectando con el ambiente en el que te encuentras, abriendo los ojos con suavidad. Ve si puedes llevar este sentimiento de conexión con la humanidad al retomar las actividades de tu día. Tómate el tiempo necesario para hacer la transición entre este ejercicio meditativo y la vida cotidiana.

Práctica informal para la vida cotidiana

Puedes comenzar tu práctica durante esta semana abriendo tu campo de percepción a la presencia de personas neutras, personas con las que no tienes casi relación o que solo conoces de verlos, por ejemplo, en tu trabajo o cuando haces las compras. Puedes proponerte percibir la presencia de estas personas y, cuando te sientas cómodo, saludarlas cuando las encuentres o te cruces con ellas, algo tan sencillo como decir buenos días o buenas tardes. En la medida en que te resulte cómodo, puedes dar paso a pequeños gestos de amabilidad, como sostener la puerta del ascensor para alguien que se acerque o ceder el paso en un cruce de tráfico cuando observes que alguien tiene dificultades para entrar en la calle. No esperes el reconocimiento de tu gesto, simplemente nota: «Veo a otra persona en una situación en la que puedo beneficiarla, ayudándola y conectando con lo que tenemos en común, pues todos estamos en el mismo barco».

RESPIRAR Y MOVERSE CON EL PASO 5

En el capítulo 9, «Respirar y moverse con los 6 pasos», encontrarás algunas sugerencias y ejercicios simples para practicar el paso 5 desde la perspectiva de la respiración y el movimiento (incluye además una audioguía para este paso en particular).

Capítulo 7

Paso 6: Aprender a responder y no reaccionar

Silamani J. Adolf Guirao Goris

> Somos más o menos libres de elegir cómo ser aquí y ahora, independientemente de las restricciones sociales y el grupo.
>
> U. Sangharákshita

Introducción al paso 6 y cómo se relaciona con los 6 pasos a nivel global

Como resultado de haber transitado por los pasos anteriores, llegamos al paso 6: aprender a responder, en lugar de reaccionar. Este paso puede verse como una etapa siguiente a los pasos anteriores, pero podría verse también como formando parte de todos ellos. En cada uno hay un elemento que decidimos elegir y que, en parte, constituye el meollo de la práctica de mindfulness.

Cada uno de los pasos supone una elección. Puedes elegir empezar a darte cuenta de tu experiencia en lugar de evitarla, puedes decidir orientarte hacia los aspectos dolorosos de tu experiencia y puedes preferir, en su lugar, buscar sus facetas placenteras. Estas etapas marcan los diferentes aspectos de tu experiencia, ayudándote a distinguir el sufrimiento primario (es decir, el dolor o las sensaciones desagradables reales) del sufrimiento secundario (derivado de tu resistencia). Esto crea una sensación de espacio, como si fueses un gran contenedor. En lugar de sentir que tu dolor te desborda o que estás en una batalla solitaria, que no deja espacio para nada más, puedes descubrir que puedes conectar y crear un espacio para responder creativamente, con un corazón amable y flexible, en cualquier situación. Los pasos anteriores de mindfulness y compasión allanan el camino para actuar con creatividad y confianza.

Cuando te aproximas de este modo con atención consciente, la vida deja de ser una fuente de distracción y resistencia y se convierte en una oportunidad para tomar decisiones llenas de posibilidades creativas (Burch, 2014).

La aplicación progresiva de mindfulness nos lleva a tener mayores niveles de comprensión sobre cómo nuestras acciones nos generan dolor y sufrimiento. Cuando tenemos una comprensión mayor y somos conscientes de esta sabiduría encarnada en nuestra experiencia, podemos darnos cuenta de que nuestras acciones, nuestras palabras o nuestros pensamientos tienen consecuencias. Esta compresión se puede convertir en un mayor nivel de sabiduría encarnada y puede hacer que nos demos cuenta de cómo aquello que estimamos, nuestros valores, influyen en nuestra forma de vivir y en el sufrimiento que nos generamos. Esta compresión es la que en su momento hizo proclamar al Buda que el camino de liberación del sufrimiento era una senda de tres etapas progresivas: ética, meditación y sabiduría (Sangharákshita, 2023b). Desde esta perspectiva, la práctica ética supone reconocer y asumir unos valores en forma de preceptos que nos ayudarán a liberarnos del sufrimiento con una buena voluntad (Sangharákshita, 2022).

Una trampa en la que podemos caer cuando oímos hablar de la importancia de responder y no reaccionar es concluir que «no se debe» reaccionar. Una conclusión errónea a la que es posible llegar si pensamos que nuestra práctica de mindfulness y compasión ha fracasado cuando tenemos una emoción difícil, nos sentimos enfadados o malhumorados o nos vemos sobrepasados por las circunstancias. Pero mindfulness y especialmente la compasión consisten en ser sinceramente consciente, sin sobreponer una capa de falsa ecuanimidad, y reconocer qué grado de amabilidad impregna nuestra forma de ver la experiencia. La práctica, si estás enfadado, consiste en ser consciente de lo que está ocurriendo sin juzgarlo y descubrir el mejor modo de responder.

No es fácil vivir con el dolor o la incomodidad, y esto es muy comprensible. Partiendo del reconocimiento del desagrado que nos produce sentirnos malhumorados, irritables o decepcionados, podemos darnos cuenta de cómo nuestra actitud puede crear un espacio de amabilidad consciente que reconoce la experiencia y nos puede llevar a crear un espacio entre lo que sentimos y cómo reaccionamos para poder elegir si deseamos retroalimentar lo que sentimos con una espiral creciente de culpa, rabia y lástima, o bien, por el contrario, alentar una repuesta creativa más interesante.

Algunas evidencias científicas sobre el paso 6

El mindfulness está relacionado con una serie de resultados positivos para la salud, como un aumento del bienestar psicológico (Brown y Ryan, 2003), la disminución del estrés, la ansiedad y la mejora del funcionamiento físico. Estudios recientes han descubierto también que el mindfulness influye en una variedad de resultados cognitivos, incluida una mejor toma de decisiones (Schmitzer-Torbert, 2020).

Se ha demostrado científicamente que la práctica de mindfulness causa cambios a nivel cognitivo, pues nos proporciona la capacidad de ser autoconscientes y monitorear nuestros pensamientos. Todo esto da menos espacio a que los pensamientos y emociones de índole negativa, aquellos que suelen provocar que caigamos en la inconsciencia y tomemos malas decisiones, puedan sabotear nuestra reactividad cognitiva.

La práctica de la meditación ayuda a la desclasificación de los pensamientos, ya que dejan de ser algo bueno o malo y pasan a ser solo pensamientos, vistos desde una perspectiva no juzgadora. Si tenemos una mente y un cuerpo conscientes, asumimos nuestras emociones y nos desvinculamos de los pensamientos de espectro negativo, pudiendo observar de manera objetiva los hechos que nos rodean. Esto nos da la capacidad de tomar decisiones conscientes, favoreciéndonos en la tarea de construir una mejor realidad personal (Schmitzer-Torbert, 2020).

El entrenamiento en mindfulness es cada vez más popular entre las personas y las organizaciones, ya que se cree que tiene una gran cantidad de efectos positivos. Al fomentar una mayor conciencia y comprensión de los propios pensamientos y sentimientos, los empleados pueden estar mejor equipados para emitir juicios acertados y desenvolverse en dinámicas de grupo más complejas. En última instancia, esto puede conducir a tener equipos más eficientes y a resultados más satisfactorios (Parsons *et al.*, 2020).

En los últimos años, los investigadores han realizado muchos estudios para examinar si las personas que practican mindfulness tienen más probabilidades de tomar decisiones saludables en situaciones de riesgo. Las pruebas sugieren que el mindfulness tiene un efecto protector, sobre todo en lo que se refiere a reducir los comportamientos impulsivos relacionados con diversos riesgos para la salud, como consumir drogas o mantener relaciones sexuales sin protección. Las personas que practican mindfulness afirman ser más conscientes de sus sensaciones físicas y de sus estados emocionales, lo que puede ayudarles a reconocer posibles peligros y actuar de forma protectora ante el daño. Estos hallazgos subrayan la importancia de incorporar intervenciones basadas en la atención plena a los programas existentes de promoción de la salud para abordar eficazmente los retos de la salud pública (Black *et al.*, 2012).

Testimonio de una experiencia personal

Vidyamala explica de forma personal cómo la elección se produce en su vida cotidiana, usando un ejemplo de su diario (Burch, 2014, pág. 112).

> Hoy me he despertado cansada y con náuseas, pero también dispuesta, como había decidido, a escribir. Quería superar el dolor de espalda, la fatiga y la náusea y me sentía luchando con mi dolor, al tiempo que la tensión crecía en mi cuerpo. Cuando me di cuenta, decidí hacer un alto, descansar y escuchar un CD de meditación. Finalmente, sentí que había conseguido salir de un viejo surco de conducta y que mi perspectiva se había ampliado. También me di cuenta de que poco importaba, en realidad, si escribía o no hoy lo que pensaba. Ahora son las 5.30 y escribo fluidamente. He puesto el despertador para recordar la necesidad de hacer un descanso dentro de veinte minutos y, cuando suene, me enfrentaré de nuevo a la misma alternativa. ¿Reaccionaré ignorándolo o responderé acostándome?

Asimismo, comenta cómo la elección le supone una forma más creativa de lidiar con paciencia en situaciones como largas reuniones (Burch, 2014, pág. 114).

Uno de los efectos principales de mi dolor es que me siento impaciente e irascible, especialmente en conversaciones largas o situaciones grupales que requieren paciencia. Si debo tomar una decisión, quiero tomarla lo antes posible, una actitud que se deriva de la idea de que, cuanto antes finalice, antes podré descansar. Pero esta actitud resulta difícil para los demás y llega a afectar incluso a mis relaciones y amistades. Quisiera que no fuese así, pero he descubierto que lo mejor que puedo hacer, en tal caso, es permitirme sentir mi irritación cuando ocurra en lugar de empeñarme en impedir su emergencia. La práctica de mindfulness me ayuda a darme cuenta de lo que sucede sin defenderme demasiado y dar los pasos necesarios para comportarme de manera diferente.

EJERCICIO MEDITATIVO PARA EXPLORAR EL PASO 6

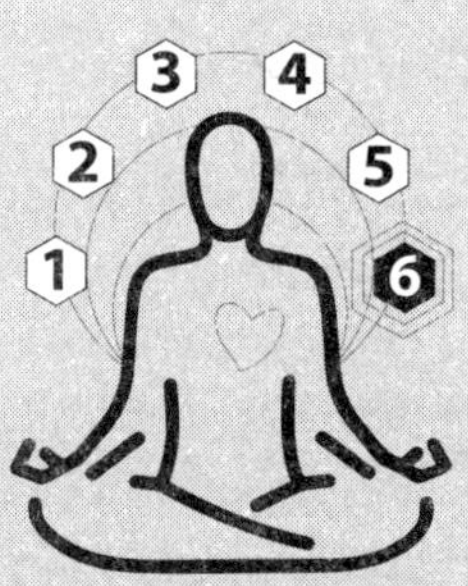

Adopta una postura que sea cómoda, ya sea recostada o erguida. Si lo deseas, puedes cerrar los ojos o, si te resulta más cómodo, déjalos entreabiertos, con la mirada desenfocada. Permítete en este momento observar cómo fluye tu respiración y cómo la percibes en la parte de tu cuerpo en que la sientes más vívida. Tal vez puedes tomarte unos instantes para descansar en el ir y venir del aire... dentro..., fuera. Observando este movimiento como si te estuviese meciendo y masajeando el cuerpo.

Ahora permítete conectar con el tono de tu experiencia. Tal vez puedas observar si hay incomodidad, placer o indiferencia. Intenta ver, si te es posible, cómo es tu tendencia mental cuando la observas. ¿Es posible que rechaces lo incómodo? ¿Quizás te aferras a eso que es agradable y no lo dejas ir? o ¿puede ser que no notes nada en especial y tiendas a ignorar lo que sucede en este instante?

Te invito a imaginar que eres como un tronco seco que observa lo que está sucediendo. Intenta por unos minutos ver lo que sucede sin rechazar, sin aferrarte y sin ignorar lo que está pasando.

Ahora permítete traer a tu mente la pregunta: ¿Cómo sería mi experiencia si no reaccionase y me dejase llevar por ella? ¿Cómo me gustaría responder a lo que está sucediendo? Te invito a intentar elegir... Con amabilidad, con una sonrisa. Permítete ofrecerte lo que más necesites en este momento: tal vez una palabra de aliento y bondad, o el goce de estar presente, o simplemente no hacer nada. Observando lo que hay en tu experiencia, sin querer transformarla. Simplemente navegando por ella sin dejarte arrastrar por la corriente. Aceptando de la manera más amable que puedas lo que sucede.

Poco a poco, ve saliendo de la práctica. Permítete conectar con la respiración descansando en su ir y venir..., intentado conectar con las sensaciones del cuerpo en contacto con el suelo y el asiento, observando cómo son las sensaciones en los pies, las manos, la temperatura de tu entorno y los sonidos.

Cuando esté bien para ti, después de la siguiente exhalación, puedes ir abriendo los ojos progresivamente o ir enfocando la mirada para dar por finalizada esta práctica.

Práctica para la vida cotidiana

Esta práctica la puedes hacer en cualquier momento del día. Observa cómo es tu experiencia y su tono emocional. ¿Dónde la notas en el cuerpo? Lleva tu respiración a la zona observando el efecto que tiene en la sensación, la emoción o el pensamiento.

En ese momento, recuerda que puedes elegir. ¿Deseas dejarte llevar por la experiencia reaccionando? ¿O tal vez puedes observarte con la actitud serena de un tronco seco? Una vez que observaste el momento presente, puedes elegir: dejarte llevar por la experiencia o sonreír amablemente a la misma.

Cuando te encuentres en un momento de belleza, puedes sonreír amablemente sin aferrarte.

Cuando notes un momento de autocrítica o un pensamiento duro, puedes sonreír amablemente sin rechazarlo y ofreciéndote compasión.

Cuando notes un momento de aburrimiento, puedes sonreír amablemente y detenerte a mirar con curiosidad lo que pasa, pero sin ignorar la experiencia.

Eres libre para elegir.

RESPIRAR Y MOVERSE CON EL PASO 6

En el capítulo 9, «Respirar y moverse con los 6 pasos», encontrarás algunas sugerencias y ejercicios simples para practicar el paso 6 desde la perspectiva de la respiración y el movimiento (incluye además una audioguía para este paso en particular).

Capítulo 8
Resumen infográfico de los 6 pasos*
Vidyamala Burch

* Ilustraciones realizadas por Juan Castell inspiradas en los dibujos originales de Vidyabhadri, traducción y adaptación del texto de Dharmakirti Zuázquita.

Campo de conciencia
aún estrecho
Soy consciente de mis pensamientos negativos y mis sensaciones físicas de dolor. Percibo el dolor y lo empeoro resistiéndome, bloqueándolo o abrumándome.
Dolor de espalda
PASO UNO: LA CONCIENCIA ES POSIBLE

Paso 1. La conciencia es posible

Aprender a tomar conciencia de nuestra experiencia. El paso 1 es prestar atención a lo que está sucediendo en el momento: aprender a mirar *a* nuestra mente y corazón y no simplemente mirar *desde* ellas. Este paso es un gran regalo que aprendemos a conocer y valorar. Esto nos ayuda a tomar conciencia de que nuestra experiencia real en el momento presente muchas veces no es lo que pensamos que era.

A menudo sostenemos *una idea* de cómo es nuestra experiencia, pero nos impide tener la experiencia de forma directa. A veces, cuando simplemente nos detenemos y observamos, sentimos y experimentamos nuestra vida *tal y como es*, podemos encontrarnos con que cambia por sí sola, sin que tengamos que hacer nada.

También nos ayuda a aprender a enfocar nuestra atención en una sola cosa a la vez y a traer la mente de vuelta cuando se dispersa, esta es una capacidad que necesitaremos desarrollar un poco antes de emprender los 6 pasos siguientes del proceso. (Decimos «desarrollar un poco» porque aprender a centrarnos en una sola cosa a la vez toma mucho tiempo y, probablemente, para la mayoría de nosotros, es un proceso de aprendizaje de toda la vida).

Campo de conciencia menos estrecho
Caricia amable sobre el área dolorida
Soy consciente de mi dolor de espalda, pero ¿cuáles son las sensaciones reales?, ¡Ah!, no es toda la espalda, es solo en la parte lumbar izquierda, puedo notar cómo las sensaciones están cambiando momento a momento. ¡Qué increíble! También puedo tratarme con cuidado y amabilidad.
PASO DOS: ACERCARSE A LO DESAGRADABLE

Paso 2. Acercarnos a lo desagradable

El paso 2 consiste en *acercarnos a lo desagradable/difícil*, lo cual significa permitir que cualquier cosa que estamos encontrando difícil o dolorosa simplemente esté, enfocándola con una actitud suave, tierna, amable y sin juicios. Esto se puede comparar con la actitud que podrías tener ante un niño que acaba de hacerse daño; el impulso natural es acercarte y abrazarlo. No eres capaz de quitarle el dolor en ese momento, pero tu corazón responde de inmediato queriendo cuidarlo en su aflicción y abrazarlo con ternura.

Acercarnos hacia lo desagradable de esta manera nos ayuda a tener un sentido más preciso de cualquier sufrimiento primario que esté presente en cada momento. También nos ayuda a superar nuestra tendencia natural a rechazar el dolor, lo cual, como ya hemos dicho en la introducción, al hablar sobre sufrimiento primario y sufrimiento secundario, es la manera principal con la que creamos el sufrimiento secundario.

Al cultivar esta actitud amable y empática somos capaces de mirar la verdadera naturaleza de nuestra experiencia desagradable. Más que un «enemigo» sólido y rígido, descubrimos que es un flujo de sensaciones siempre cambiantes. Respiramos con esta experiencia y muy a menudo descubrimos que no es tan difícil como temíamos.

Campo de conciencia amplio
Aunque me duele la espalda, tengo las manos cálidas y es muy agradable sentir la respiración en el abdomen. Los pájaros cantan y disfruto del cálido sol en mi piel. ¡No me doy cuenta de estas cosas habitualmente!
Dolor en la espalda
PASO TRES: IR AL ENCUENTRO DE LO AGRADABLE

Paso 3. Ir al encuentro de las sensaciones agradables

En el paso 3, desplazamos nuestro enfoque para *hacernos más receptivos a los aspectos agradables del momento presente.* Aunque haya aspectos desagradables en tu experiencia, también encontrarás, si los buscas, aspectos agradables. A veces, cuando estamos sufriendo, es fácil perder de vista el hecho de que hay partes de nuestra experiencia que son agradables, hasta bellas; así que tal vez necesites tomar un poco más de iniciativa a la hora de buscarlas.

Puede que sea algo tan simple como una sensación agradable de calidez en las manos, una sensación agradable en el abdomen, un rayo de sol que entra por la ventana atravesando la sala, la compañía de un amigo.

Es importante enfatizar que con este paso no estás intentando *distraerte* de los aspectos desagradables de tu vida, ni estás permitiendo que estos queden en un segundo plano dentro de tu conciencia, sino que ahora estás dedicando tiempo a prestar atención y hasta a disfrutar a propósito de los aspectos agradables que es posible que no hayas notado antes.

Campo de conciencia amplio
y abierto
Disfrutando
del sol mientras
sale y se
desvanece,
y del canto
de los pájaros.
Caricia
amable
sobre
el dolor
que sube
y baja
PASO
CUATRO
: UN RECIPIENTE MÁS
GRANDE + PERSPECTIVA

Paso 4. Ganar perspectiva ampliando nuestra conciencia para convertirnos en «un recipiente más grande»

En el paso 4 ampliamos nuestro campo de conciencia para incluir y mantener conscientes simultáneamente tanto los aspectos desagradables como los aspectos agradables de nuestra experiencia en el momento presente. Es como cambiar el enfoque de una cámara: dejamos de usar el zum y de enfocarnos solo en un aspecto determinado de la experiencia, y optamos por una lente de gran ángulo, que nos permite una perspectiva mucho más amplia. Entonces podemos dejar que todo surja y se desvanezca momento a momento, sin rechazar lo desagradable o aferrarnos a lo agradable.

Practicar mindfulness y meditación no tiene que ver con alcanzar un estado donde jamás vayas a experimentar dificultades ni dolor. No se trata de escaparse de la vida, se trata de aprender a incluir toda tu experiencia dentro de una perspectiva más amplia, con ecuanimidad, con profundidad. Metafóricamente hablando, nos convertimos en un yate en alta mar surcando el océano en medio de las olas del placer y el dolor, y dejamos de ser un «bote pequeño» que se ve lanzado de un lado a otro y que incluso se hunde. La atención consciente, mindfulness, es nuestro barco «puesto a punto», que nos proporciona la quilla y el mástil, posibilitando así una perspectiva, tanto de profundidad como de altura, de amplitud y de estabilidad, mientras navegamos sin sobresaltos a través de los altibajos del oleaje de la vida.

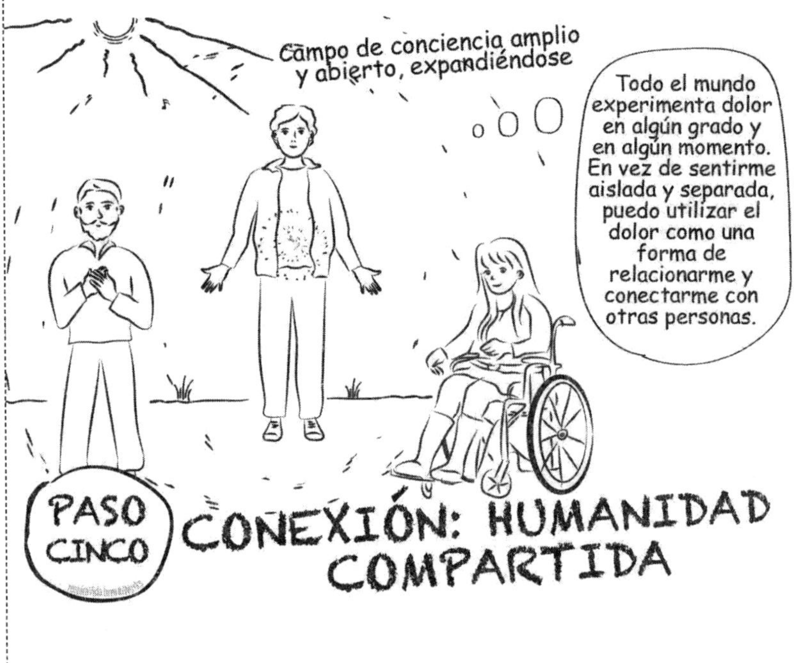
Campo de conciencia amplio y abierto, expandiéndose
Todo el mundo experimenta dolor en algún grado y en algún momento. En vez de sentirme aislada y separada, puedo utilizar el dolor como una forma de relacionarme y conectarme con otras personas.
PASO CINCO
CONEXIÓN: HUMANIDAD COMPARTIDA

Paso 5: Interconexión y humanidad compartida

La práctica de mindfulness incluye también la conciencia de los demás. Los aspectos de mindfulness mencionados hasta ahora alientan la conciencia de uno mismo: habitar tu cuerpo instante tras instante y familiarizarte con tus sensaciones, tus emociones y tus pensamientos. Desde este fundamento puedes expandir tu conciencia ubicándote imaginariamente en la piel de los demás. Todos tenemos un cuerpo que experimenta sensaciones, todos tenemos pensamientos y emociones y todos tratamos, en forma muy parecida, de evitar el dolor y aferrarnos al placer. Si nos relacionamos con los demás sobre el fundamento de nuestra humanidad compartida, esta experiencia convertirá el aislamiento en empatía y conexión.

Dar la vuelta completamente al dolor

Esto supone un cambio vital para quienes vivimos sumidos en la enfermedad crónica y el dolor. El mismo dolor que tiende a aislarnos puede convertirse en una fuente de conexión si llegamos a ver que, de un modo u otro y en un momento u otro, todo el mundo experimenta dolor. Este desplazamiento de perspectiva lo cambia completamente. Si aceptas el dolor y lo exploras profundamente, en lugar de arruinar tu vida, puede abrirte a la vida y a tu propia versión del drama humano. Abrirte al dolor significa que puedes imaginar cómo sufren los demás. Entonces el cultivo de una actitud amable y bondadosa hacia ti puede establecer el fundamento desde el que podrás expandir tu amabilidad a los demás. Este es el principio que hay detrás de la práctica de la conexión, que se halla en el corazón de mi enfoque de mindfulness.

Qué bien ser consciente de mí misma mientras trabajo. Puedo notar mi dolor, pero no es para tanto, ya que voy tomando descansos regulares para estirarme. Esta noche puedo ir al teatro porque he equilibrado mi esfuerzo durante el día. ¡Qué bien!
PASO SEIS
: VIVIR CON ELECCIÓN

Paso 6. Elegir: Vivir con elección en cada momento. Responder en vez de reaccionar

Desde esta perspectiva más amplia podemos movernos al paso 6, que consiste en aprender a *elegir responder en vez de reaccionar* ante los aspectos desagradables y difíciles de tu vida. En este sentido, «la elección» es el comportamiento que resulta de los pasos previos. Es más fácil tener el sentido de poder elegir conforme comienzas a desarrollar una perspectiva más amplia (un recipiente más grande) porque entonces tienes un mayor sentido de «espacio interior», como si tuvieras más espacio para moverte, más campo de amplitud. Muchas veces, cuando lo estamos pasando mal, nos sentimos cercados y atrapados por nuestros problemas, como si no tuviéramos vida más allá de ellos, y esto nos da la sensación de no tener el espacio suficiente para sobrellevarlos con mucha destreza.

Practicar este proceso de los 6 pasos nos permite tener una sensación de espacio alrededor de nuestra experiencia, lo que nos posibilita darnos cuenta de que, aunque posiblemente no podamos quitarnos de encima las experiencias difíciles o desagradables de forma inmediata, sí podemos al menos elegir cómo responder ante ellas. Este *darte cuenta* es importante porque muchas veces la gente piensa que vivir bien significa conseguir lo que quieren. Sin embargo, no es siempre posible conseguir lo que quieres, y ¡medir tu felicidad y tu éxito en función de este principio puede resultar muy estresante!

Una actitud más sabia sería la de elegir cómo responder ante cualquier cosa que la vida te ponga enfrente, tanto si lo quieres o como si no. Se podría decir que la esencia del enfoque de la atención consciente es abrazar toda la vida, ¡no solamente las partes bonitas! La vida tal vez no se vuelva más «agradable» en un sentido superficial, pero sí tendrá mucha más satisfacción y plenitud, porque estarás aprendiendo a vivir desde una perspectiva fuerte y estable de valor, amabilidad y dignidad.

Los 6 pasos en la práctica

Hemos puesto estos 6 pasos en una secuencia, con la elección como paso final. Sin embargo, hasta cierto punto comenzarás a usar tu capacidad de elección desde el principio, en cuanto empieces a tomar conciencia de tu experiencia en el momento presente en el paso 1.

Una vez que hayas desarrollado cierta capacidad en hacer esto y comiences a cultivar la aceptación y la autocompasión y a acercarte a lo desagradable, nuevamente estarás usando tu capacidad de elegir. De hecho, tan pronto como traes conciencia a tu experiencia, empiezas a tener mayor capacidad de elección, mayor libertad. Aunque los pasos parezcan una secuencia lineal, son de hecho multidimensionales y continúan creciendo y enriqueciéndose el uno con el otro.

Capítulo 9
Respirar y moverse con los 6 pasos
Ellen Lima

> Es tan natural para el cuerpo moverse como respirar.
>
> VIDYAMALA BURCH

Importancia de la respiración y del movimiento

Vidyamala Burch y su equipo llamaron a su programa de gestión del dolor basado en mindfulness RespiraVida BreathWorks porque creen que la conciencia de la respiración constituye una poderosa ayuda para el cultivo de mindfulness, la reconexión con el cuerpo y la reducción del estrés. Es un hilo que enhebra las distintas prácticas de nuestro enfoque.

La importancia de la respiración se debe a que es un foco de conciencia útil y simple, ancla la conciencia en el momento presente, ancla la conciencia en el cuerpo y es una herramienta para gestionar las reacciones al dolor, la enfermedad y el estrés, interrumpiendo el ciclo de tensión-dolor-tensión causado por la retención de la respiración.

El movimiento también ocupa un espacio destacado en nuestro programa. Como dice Vidyamala, es tan natural para el cuerpo moverse como respirar, y el cuerpo necesita moverse, incluso el cuerpo que duele. Sin embargo, es común que las personas con dolor crónico se vuelvan inactivas por no encontrar una práctica física adecuada a su condición, lo que acaba por generar más tensión, rigidez y fatiga. Los movimientos conscientes de RespiraVida BreathWorks son una respuesta a esta necesidad.

Movimientos conscientes

El programa de Movimientos Conscientes desarrollado por Vidyamala Burch y Padmadarshini (Burch, 2011) tiene el propósito de ofrecer una práctica física accesible y segura en la cual se cultiva una actitud de amabilidad y autocompasión, abriendo la posibilidad de hacer las paces con el cuerpo, de relacionarse con él de otra manera, siendo un aliado y no el enemigo.

Vidyamala describe los movimientos conscientes como la respiración en acción o, esencialmente, meditación en movimiento, que enfatiza la cualidad de atención mientras te mueves y no tanto hasta dónde puedes llegar en el movimiento o estiramiento, o la cantidad de repeticiones.

La conciencia de la respiración natural es la base de estos movimientos que Vidyamala considera como una prolongación de la respiración. Lo que suele resultar más novedoso para los practicantes es que, en esta práctica, seguimos siempre el ritmo de la respiración natural, sin manipularla, ya que la respiración guía el movimiento, y no al revés, como puede suceder en otras disciplinas. De esta manera, disolvemos el hábito de retener la respiración para moverse a la vez que cultivamos una mayor conciencia de las sensaciones y aceptación de la experiencia.

Maneras habituales de inhibir y contener la respiración

Con frecuencia, ocurre que la gente que vive con estrés desarrolla hábitos de respiración que son poco beneficiosos para su bienestar general. Si estás rechazando tu experiencia y tensionándote ante el dolor, tu respiración se verá inevitablemente afectada. Por ejemplo, puede que notes que tus hombros se encogen y se tensionan, que tu estómago está tenso, que estás respirando de forma corta y superficial o que estás conteniendo la respiración.

Todas estas maneras de inhibir la respiración natural conducen a un incremento de tu sensación general de aflicción. El hábito más común es contener la respiración y puede que notes que estás haciendo esto cuando experimentas dolor o aflicción, por ejemplo, al hacer un movimiento que te es incómodo. Trata de observar tu respiración la próxima vez que cambies de postura (Farhi, 2008).

Seguir el ritmo de la respiración natural

Por un lado, es verdad que una sensación de calma puede generar una respiración más lenta y profunda, por otro, una respiración más profunda puede estimular el sistema nervioso parasimpático y, por lo tanto, un estado más relajado. Sin embargo, la «relajación» puede ser más compleja de lo que parece porque no es algo que responda a un comando nuestro. De hecho, varios estudios han revelado que la actitud de ignorar o rechazar una emoción negativa genera aún más estrés y ansiedad. Si aplicamos este razonamiento a la experiencia de la respiración, puede ser interesante considerar incluir la aceptación del ritmo respiratorio natural (aunque sea superficial y rápido) sin juicio, pero cultivando la capacidad de poder estar con estas sensaciones con receptividad.

Los 6 pasos

Vivir bien con el dolor y la enfermedad, como propone el título del primer libro de Vidyamala Burch, es un camino de aprendizaje y transformación hacia la libertad y la auténtica felicidad. El curso «Mindfulness y Compasión para la Salud» ofrece las herramientas y el mapa para recorrer este camino a través de 6 pasos:

Si bien nos resulta útil y didáctico ver los 6 pasos como una secuencia, en realidad se trata más bien de aspectos que se interrelacionan y nutren los unos a los otros como si fueran las ramas de un árbol.

A continuación, vamos a explorar los 6 pasos a través del movimiento y de la respiración. En cada paso te ofrezco un texto explicativo y la oportunidad de realizar un ejercicio escuchando una audioguía.

Aunque la respiración se da de manera autónoma, podemos tomar conciencia de ella mientras sucede. Esto no quiere decir controlarla o forzarla, sino notar el proceso de respirar, la sensaciones y movimientos, en el cuerpo, momento a momento. Observar la respiración tal como es sin interferir nos invita a notar la experiencia en el momento presente sin juzgar, es decir, sin intentar cambiarla. Nos centramos en las sensaciones y en los movimientos y permitimos que sean como son, con amabilidad y aceptación. De esta manera, nos acercamos a la experiencia directa de respirar, soltando las ideas y expectativas de cómo deberíamos respirar.

PRÁCTICA PARA EXPLORAR EL PASO 1

Adopta una postura cómoda. Nota las sensaciones de la respiración en el cuerpo. Deja ir cualquier idea de cómo deberías respirar permitiendo que la respiración suceda a su propio ritmo, sin controlarla.

No importa dónde notas la respiración o si es larga o corta, en esta práctica tratamos de tomar conciencia de la experiencia de respirar tal como es momento a momento, con curiosidad y amabilidad.

Quizás te sorprenda la cantidad de movimientos que suceden con cada respiración en todo el cuerpo, algunos más perceptibles y otros más sutiles.

Paso 2. Acercarse a lo desagradable

El intento de escapar del dolor
es lo que genera más dolor.

GABOR MATÉ

Nadie quiere sufrir. Es comprensible, por lo tanto, que, como una estrategia para evitar el dolor y para alejarnos de él, desarrollemos el hábito de retener la respiración al movernos. Sin embargo, esta estrategia no es eficaz porque aumenta la tensión muscular, lo que, a la larga, acaba por agravar la experiencia de dolor y la ansiedad, generando el ciclo tensión-dolor-tensión que hemos mencionado anteriormente.

Cuando Vidyamala nos propone que el movimiento sea una extensión de la respiración, nos ofrece la oportunidad de romper el bucle de la tensión, de la resistencia. Moverse con la respiración es una manera de acercarse al cuerpo sin luchar, con aceptación y amabilidad.

PRÁCTICA PARA EXPLORAR EL PASO 2

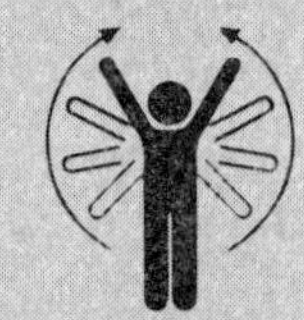

Sintoniza con tu respiración natural durante unos instantes. Empieza a mover una mano de la manera que quieras durante unos segundos. Pausa. ¿Qué has notado? Es posible que hayas dejado de respirar mientras movías la mano.

Ahora sintoniza con tu respiración natural unos instantes y, manteniendo la conciencia de la respiración, deja que la mano se mueva libremente siguiendo el ritmo de la respiración.

Permite que la respiración se impregne de amabilidad hacia ti mismo mientras te mueves, respetando la intensidad adecuada para ti, sin forzar el movimiento y haciendo pausas cuando lo necesites. ¿Qué cambios has notado? ¿Cómo sería llevar esta práctica a otros movimientos cotidianos?

Paso 3. Ir al encuentro de lo agradable

«A la orilla del mar
ya escuché esta música antes», dijo el cuerpo.

Mary Oliver

Quizás hayas olvidado que es posible sentir placer en el movimiento. Quizás tu atención esté enfocada en las limitaciones del cuerpo.

Es normal que cuando haya dolor crónico nuestro cerebro se fije en el dolor como una manera de protección, de estar listo para protegerse de un peligro en cualquier momento. Esto hace que acabemos con una experiencia limitada de la realidad, con un sesgo hacia lo negativo.

El paso 3 nos invita a ir al encuentro de lo agradable como una manera de contrarrestar esta tendencia. Si algo no está en nuestra conciencia, no existe para nosotros. Pero en realidad nuestra experiencia siempre tendrá en alguna medida algún aspecto agradable esperando a ser descubierto por nuestra conciencia como un tesoro.

PRÁCTICA PARA EXPLORAR EL PASO 3

Pon una música que te guste o, si prefieres, realiza esta práctica en silencio. Conecta con tu respiración natural. Déjate ser sostenido por la fuerza de la gravedad.

Muévete como te apetezca, sin juicios, y haciendo pausas cuando quieras. El movimiento puede ser pequeño (por ejemplo, mover los dedos) o amplio (por ejemplo, como desplazarse por el espacio). Toma conciencia de cualquier sensación placentera o agradable.

¿Dónde la sientes? ¿Cómo se siente? Si no notas sensaciones placenteras, no te preocupes, con la práctica irás despertando la sensibilidad hacia lo agradable. Por ahora, intenta absorber esta sensación agradable y a la vez permite que cambie o aparezcan nuevas sensaciones sin aferrarte.

Paso 4

> No hay lugar de peregrinación tan fabuloso y abierto como este cuerpo mío, ningún lugar más digno de explorar.
>
> SIDDHA SARAHA

En las prácticas del paso 2 y del paso 3 hemos explorado, por un lado, la experiencia de lo difícil y, por otro, la experiencia de lo agradable. Pero en realidad estos aspectos no están separados; ambos son parte de nuestra experiencia en cualquier momento, en mayor o menor medida.

Una mirada amplia hacia nuestra experiencia nos revelará tanto sensaciones agradables como desagradables. La ecuanimidad nos invita a no rechazar lo que no nos gusta y a no aferrarnos a lo que nos gusta, fluyendo con la naturaleza cambiante de la experiencia.

PRÁCTICA PARA EXPLORAR EL PASO 4

Adopta una postura cómoda sentada o de pie, con ambos brazos relajados a los costados del cuerpo. Toma conciencia de tu respiración natural durante la práctica. Dibuja círculos con un hombro, llevándolo hacia arriba, hacia atrás, hacia abajo y hacia delante. Repite el movimiento algunas veces y luego cambia el sentido, llevando el hombro hacia arriba, hacia delante, hacia abajo y hacia atrás.

Nota la diversidad de sensaciones. Quizás hay una mezcla de sensaciones, por ejemplo, tensión y alivio a la vez. ¿Puedes percibir que estas sensaciones no son fijas, sino que son cambiantes? ¿Puedes permitir que cambien sin rechazarlas ni aferrarte a ellas? Amplía tu conciencia al resto de tu cuerpo. ¿Hay sensaciones a lo largo del brazo y del cuello o quizás en otros lugares del cuerpo? Amplía tu conciencia al resto de tu experiencia. ¿Cuáles son tu emociones y pensamientos presentes?

Continúa notando lo interno y a la vez amplía tu perspectiva hacia lo externo, el espacio, el aire, etc.

Vuelve a tomar conciencia de tu respiración, finaliza cuando quieras y tómate unos instantes para sentir los efectos del movimiento. Si quieres, realiza el movimiento con el otro hombro.

Paso 5

> Estar enraizado y presente en el cuerpo
> es estar en conexión con todo.
>
> REGINALD RAY

Kristin Neff (Neff, 2012) describe la humanidad compartida como un elemento de la compasión hacia uno mismo. Se refiere a que la experiencia humana es imperfecta y que estamos todos en el mismo barco. Sin embargo, cuando algo no va bien tendemos a pensar que es algo que «solo me pasa a mí», lo que acaba por generar desconexión y aislamiento social que tienen impactos negativos en la salud. Por otro lado, esta autora afirma que las personas que se sienten conectadas a los demás no se asustan tanto ante las circunstancias difíciles de la vida y son más flexibles ante las adversidades.

PRÁCTICA PARA EXPLORAR EL PASO 5

En la postura de pie o sentada, cruza suavemente los brazos a la altura del pecho, luego deja que se abran hacia los lados y vuelve a cruzarlos haciendo el gesto de un abrazo. Repite el movimiento varias veces.

Permite que la apertura de los brazos sea también apertura hacia los demás, hacia la vida. Deja que el abrazo sea un ofrecimiento de ternura y amistad hacia ti mismo y hacia los demás.

¿Qué efecto tiene en ti este movimiento? ¿Cómo se siente el contacto de las manos y de los brazos en el abrazo? ¿Es posible ofrecer y recibir ternura? Lo que encuentres en tu experiencia es único y a la vez universal, es la humanidad que compartimos con todas las personas.

Paso 6

> El estrés no está en lo que nos pasa,
> sino en cómo respondemos a lo que nos pasa.
>
> Gabor Maté

Si bien no podemos controlar las circunstancias externas, sí podemos tomar conciencia de cómo respondemos a la experiencia. Muchas de nuestras reacciones no están relacionadas directamente con la situación que vivimos o con nuestra experiencia objetiva, sino con las ideas y pensamientos que tenemos con relación a cada situación.

La práctica de movimientos conscientes nos da la base para una experiencia más objetiva de lo que nos pasa. Si tenemos más conexión con nuestra experiencia corporal, nos resultará más fácil notar nuestra experiencia mental y emocional y diferenciar estas diferentes capas de la experiencia. En vez de actuar desde el piloto automático y reaccionar, podemos actuar desde la conciencia y la amabilidad y responder.

PRÁCTICA PARA EXPLORAR EL PASO 6

Adopta una postura cómoda. Toma conciencia de la respiración natural. Lentamente, abre y cierra la mano algunas veces (puedes apoyarla sobre un cojín o el regazo). Nota la primera sensación de movimiento y estiramiento sin causar molestia. Nota también la primera sensación de molestia, de estar forzando o pasando del límite. Si no tienes claro dónde están estos puntos, sigue explorando con paciencia y amabilidad.

La práctica de la elección estará en no llegar a la sensación de molestia o bien reducir la intensidad del movimiento, así como en la respiración consciente, suavizando la tensión.

Asimismo, pondremos atención a detenernos siempre que sea necesario, antes de sentir el agotamiento. ¿Tienes la tendencia a ignorar las señales físicas de cansancio y seguir adelante? ¿O tiendes a hacer lo mínimo posible porque crees que no eres capaz? Investiga tu experiencia con honestidad y amabilidad.

Toma conciencia de los momentos en que estás en «piloto automático» y de los momentos en los que respondes creativamente, con elección. ¿Son diferentes?

Conclusión

La práctica de los movimientos conscientes puede ayudarte a habitar profundamente tu cuerpo con conciencia en todo momento, teniendo la respiración como aliada, en lugar de empujarla y luchar contra tu experiencia física.

Te ayudará a recuperar la fuerza y la flexibilidad de manera suave y amable, fortaleciendo la confianza para moverte y la conexión contigo mismo. A la vez, estarás más receptivo para conectarte con el entorno y con los demás.

Te invitamos a conocer más acerca de los movimientos conscientes creados para el programa MBPM en el libro *Tú no eres tu dolor* (Burch, 2016) en las páginas 137-143. Además, tienes una audioguía sobre los mismos en el siguiente enlace: https://www.respiravida.net/recurso/audios-programa-dolor-mbpm.

También puedes encontrar una amplia explicación de estos movimientos en el libro *Vivir bien con el dolor y la enfermedad* (Burch, 2014, págs. 160-181).

Puedes disponer de información más detallada sobre los movimientos conscientes adaptados al programa Kindfulness para el Estrés en las páginas 91-93 y 130-134 del libro *Kindfulness* (Dharmakirti y Ratnaguna, 2020). Además, encontrarás una audioguía sobre los mismos en el siguiente enlace: https://www.respiravida.net/recurso/audios-libro-kindfulness.

Capítulo 10

Consideraciones para abordar el paso 2: Mindfulness sensible al trauma

Dharmakirti Zuázquita

> Todo el mundo me acepta tal y como soy.
> Ahora me toca a mí.
>
> LOESJE

Como profesores o como practicantes de mindfulness, al traer la atención a lo que surja en cada instante podemos encontrarnos con el dolor y las reacciones somáticas derivadas de heridas emocionales intensas o traumáticas. Acercarse al dolor o a lo desagradable (el paso 2 de los 6 pasos) es a veces tan necesario como difícil.

Durante el curso MBPM se proponen algunas estrategias para ayudar a la persona a recuperar una sensación de capacidad y bienestar durante el cultivo de mindfulness y/o compasión. En este sentido, se ofrecen estrategias sencillas para aprender a conocer los límites de nuestra ventana de tolerancia emocional (Sieguel, 2016). Se invita a los participantes a aprender a regular las emociones dentro de esta ventana de tolerancia, ya que se puede ser más hábil en el manejo de las emociones, incluso cuando estamos estresados, tristes o enfadados.

Cultivar la atención consciente amable y utilizar las frases compasivas hacia nosotros mismos puede hacernos tropezar con sentimientos difíciles o experiencias traumáticas pasadas que están almacenadas o dormidas en nuestra memoria emocional. Si bien el objetivo de la práctica no es tener experiencias placenteras (aunque cuando ocurren son bienvenidas), cuando practicamos la atención consciente o las prácticas generativas, al igual que sucede con intervenciones bien establecidas en el campo de la salud, como la psicoterapia o el deporte, pueden emerger sentimientos incómodos e incluso dolorosos.

Un grupo de investigadores establecieron que hay tres factores interrelacionados que pueden contribuir a una práctica no segura de mindfulness o que puede producir daño:

1. Factores relacionados con la intensidad de la práctica,
2. Factores relacionados con la vulnerabilidad del participante,
3. Factores relacionados con el profesor y las instrucciones o el programa (Baer *et al.*, 2019).

La práctica de mindfulness y compasión es por naturaleza una invitación, además de empírica. También es cierto que puede ser incómoda, desagradable y desafiante y, a la vez, no causar daño.

Si bien es posible que surjan efectos adversos, estos suelen ser de baja intensidad y poco frecuentes. Por esta razón, es aconsejable practicar dentro del contexto de un grupo facilitado por alguien que acredite una experiencia sedimentada en la práctica, alguien que haya recibido una formación adecuada como profesor de mindfulness y/o compasión y que recibe a su vez supervisión. Es recomendable realizar una entrevista previa (hacer un *screening o filtro*) con los participantes/pacientes para conocer, además de su motivación para hacer el curso, su estado de salud física y mental.

Resulta importante reconocer estas reacciones adversas y aprender a gestionarlas ya que de lo contrario pueden generar resistencia hacia la práctica de la meditación. Una de estas reacciones adversas o efecto secundario, es la popularmente conocida como *backdraft* o contracorriente (Neff, 2013). *Backdraft* hace alusión a lo que sucede cuando un bombero tiene la intención de apagar el fuego, por ejemplo, de una habitación que está completamente cerrada, al abrir la puerta, la súbita entrada de oxígeno no hace más que reavivar el fuego. Esta experiencia de incomodidad o de reavivación de experiencias o heridas emocionales pasadas no significa que estamos practicando inadecuadamente, sino que es una consecuencia natural que surge de traer conciencia amable hacia nuestra propia experiencia.

Algunas orientaciones básicas y sencillas para gestionar los posibles efectos adversos pueden consistir, por ejemplo, en ampliar el círculo de la atención (incluyendo sonidos, abrir los ojos, ampliar a otras sensaciones presentes), redirigir la atención al cuerpo, la respiración, o desplazar el foco de la atención hacia otro ser (un amigo/a o una mascota). Por último, otra opción es la de dejar de meditar y realizar una actividad reconfortante que involucre el cuerpo (tomar una infusión, caminar por un parque, etc.).

En todas las prácticas de los programas MBPM y Kindfulness* hay instrucciones precisas, amables y cuidadosas, orientadas a desarrollar esta sensibilidad al trauma. Dichas instrucciones están delicadamente entretejidas con el lenguaje de las instrucciones habituales que ofrece el profesor a lo largo de la práctica meditativa. En el caso de la meditación de la aceptación compasiva, por ejemplo, donde se invita a realizar el segundo paso de «acercarse a lo desagradable», se proporcionan una serie de instrucciones alternativas para ofrecer un sentido de seguridad, cuidado y opciones a la hora de hacer la práctica, por ejemplo:

> Si te sientes un poco desbordado por tu experiencia, amplía tu conciencia. Incluye los sonidos, olores, la temperatura de la habitación quizás.
>
> Permite que las sensaciones de dolor o malestar sucedan dentro de una conciencia amplia y abierta que incluya otros elementos de tu experiencia que van surgiendo y pasando.

En los últimos años hubo un aumento en la conciencia sobre el tema de mindfulness sensible al trauma, especialmente de la mano de autores como David Treleaven (Trealeaven, 2020) y Beatriz Rodríguez Vega (Rodríguez, 2019). Ambos señalan tres aspectos importantes que tener en cuenta para desarrollar esta sensibilidad al trauma en los grupos de practicantes: (1) reconocer los signos del trauma, (2) ofrecer diferentes anclajes y (3) utilizar un lenguaje invitacional y empírico.

* Se trata del programa de RespiraVida BreathWorks de ocho semanas: Kindfulness el Estrés, basado en el libro *Kindfulness: Atención consciente y amable para el estrés* de Dharmakirti y Ratnaguna.

Para promover las buenas prácticas, la ética y la integridad de los profesores de mindfulness y compasión formados por RespiraVida BreathWorks, se siguen los estándares internacionales de buenas prácticas de la Red de Española de Programas Estandarizados de Mindfulness y Compasión, de la British Mindfulness Association (BAMBA) del Reino Unido y de la Federación Europea de Mindfulness (EAMBA).

Estas redes se reúnen frecuentemente para alcanzar consenso sobre criterios de buenas prácticas para la enseñanza basada en mindfulness y compasión y criterios para capacitar a profesores o instructores. Para la formación de profesores, se utiliza un modelo de seis dominios competenciales docentes (conocido por sus siglas en inglés MBI: TAC), creado por un grupo de docentes de la Universidad de Bangor y adaptado a nuestros programas con el nombre de MBPM: TAC. Este modelo sirve también para el desarrollo y la evaluación de competencias docentes para la acreditación de nuestros profesores en todo el mundo.

Segunda parte

Capítulo 11

Los 6 pasos: la columna vertebral del programa MBPM

Dharmakirti Zuázquita

Admiro a Vidyamala tremendamente.
Su acercamiento puede salvarte la vida y devolvértela.

Jon Kabat-Zinn

En este capítulo vamos a presentar el programa MBPM, tal como Vidyamala presenta los 6 pasos, que es la columna vertebral del mismo.

El programa Mindfulness y Compasión para la salud MBPM fue creado en 2001 por Vidyamala Burch. Está basado en su experiencia para gestionar las condiciones de su enfermedad y su dolor crónico, así como en la práctica y la docencia de la meditación, la psicología y la ética budista como miembro de la Orden Budista Triratna. Además, el programa está fundamentado en evidencias científicas y se apoya en algunos aspectos del programa de Reducción de Estrés Basado en Mindfulness, MBSR, creado por Jon Kabat-Zinn en la década de los 1980, y del programa MBCT, Terapia Cognitiva y Mindfulness, creado por Segal, Williams y Teasdale en 2006.

Tabla 1. Principales características del programa Mindfulness y Compasión para la Salud – MBPM

Objetivo	**Específicamente diseñado para la gestión del dolor y la enfermedad crónica**
Población	General
Diseño	Secular, psicoeducativo, estandarizado
Formato	Grupal (10 a 15 participantes)
Número de sesiones	Ocho
Duración de la sesión	Dos horas y media (descanso de 15 minutos)
Retiro/sesión extra	De dos horas y media a cinco al final del programa
Tareas entre sesiones	15 a 25 minutos diarios para lectura, prácticas y ejercicios
Entrenamiento corporal	Movimientos conscientes (basados en yoga, pilates y *chikung*)
Programa Pacing	Registro de actividades cotidianas para establecer un programa de esfuerzo equilibrado
Materiales	- «Cuaderno de prácticas» del programa - Libro *Tú no eres tu dolor* (Burch, 2016) - 21 audios de prácticas meditativas (de 10 a 30 minutos)
Profesor/instructor	Profesor certificado por Breathworks y RespiraVida

Con antelación al inicio del curso, los posibles candidatos son entrevistados para determinar su aptitud para realizarlo. Durante esta entrevista se informa que la efectividad del programa depende del grado en el que se implique con su práctica personal.

Se recomienda un compromiso mínimo de práctica de la meditación de 20-30 minutos diarios, al menos seis días a la semana. Este tiempo de práctica puede utilizarse, por ejemplo, en dos prácticas de 10 minutos, una al comienzo del día y otra al final, además del tiempo para llevar a cabo prácticas informales (por ejemplo, los *Liberadores de hábitos*), y 10 minutos de lectura del libro *Tú no eres tu dolor* (Burch, 2016), que es material de lectura del curso.

Durante cada sesión, el profesor MBPM, a través de una didáctica altamente experiencial, la indagación y las prácticas meditativas, invita a los participantes a explorar su experiencia, prestando una atención consciente y amable con actitud de aceptación propia, usando la respiración para suavizar la tensión, la resistencia o el sufrimiento relacionados con el que se encuentren durante la clase. Las prácticas de bondad amorosa o amabilidad están dirigidas al desarrollo de una actitud de autocuidado y autocompasión, así como de conexión y compasión hacia otras personas.

¿Cómo es una clase de dos horas y media del programa MBPM?

- Practicar una meditación y breve indagación en la práctica (25 minutos).
- Diálogo interactivo para revisar las prácticas y lecturas de la semana (15 minutos).
- Recapitular lo visto hasta ahora (5 minutos).
- Descanso (15 minutos).
- Presentar un nuevo concepto clave (15 minutos).
- Dinámica de grupo o dramatización relacionada con el concepto clave (15 minutos).
- Práctica de meditación e indagación (25 minutos).

El programa es impartido por profesores formados y certificados por RespiraVida BreathWorks que cumplen con los criterios formativos establecidos por la British Association for Mindfulness Based Approaches (BAMBA), la Red Española de Programas Estandarizados de Mindfulness y Compasión y la Federación Europea de Mindfulness (EAMBA).

El modelo pedagógico de entrenamiento de los profesores (*teacher training*) se basa en el modelo de competencias docentes MBPM: TAC, que se apoya en el Mindfulness Based Intervention: Teaching Assesment Competencies (Crane, *et al.*, 2012).

Los objetivos del programa

Estos son los objetivos del programa MBPM (RespiraVida BreathWorks, 2015b)

- Experimentar un cambio profundo en cómo se relacionan con su experiencia difícil, sea esta de dolor, enfermedad o estrés.
- Aprender a vivenciar el cuerpo y las sensaciones físicas de manera directa, dejando de lado las reacciones mentales y emocionales hacia la experiencia física del dolor o el estrés.
- Vivenciar la naturaleza fluida y siempre cambiante de la experiencia y aprender a disolver la tendencia a relacionarse con el dolor o el estrés como algo fijo o rígido.
- Dejar de vivenciar sus dificultades como una causa para aislarse y desarrollar conciencia de la «humanidad compartida» en la que cualquier experiencia es una oportunidad para la empatía y la conexión.

Los resultados de aprendizaje

Después de haber completado el curso (RespiraVida BreathWorks, 2015b), los participantes habrán aprendido a:

- Conocer y usar la respiración como un proceso esencial, que actúa como:
    - Un ancla corporal para la mente, habitando el momento presente.
    - Una manera de disolver la tensión secundaria, a la vez que soltamos los patrones para retener la respiración.
    - Una manera de vivenciar directamente la naturaleza fluida y cambiante de la experiencia.
    - Un medio para desarrollar la compasión hacia uno mismo y los demás.
    - Una experiencia que compartimos con las otras personas y, por lo tanto, una forma de sentirnos conectados.
- Ser capaz de habitar el cuerpo con conciencia durante los movimientos conscientes o en la vida cotidiana.
- Incorporar mindfulness para traer equilibrio y sostenibilidad a la vida cotidiana, usando un «programa de esfuerzo equilibrado» (en inglés *pacing programme*).
- Distinguir el sufrimiento primario, la molestia o la experiencia difícil del sufrimiento secundario, que son todas nuestras reacciones habituales a nivel mental, emocional y físico.
- Aplicar una actitud cuidadosa y amable hacia su dolor, enfermedad y estrés, suavizando la resistencia y cultivando la «aceptación compasiva».
- Apreciar y disfrutar las experiencias agradables o placenteras, incluso de pequeñas cosas.

- Cultivar amabilidad y ecuanimidad hacia uno mismo a través del desarrollo meditativo de una conciencia más amplia.
- Cultivar la amabilidad y la ecuanimidad hacia los demás a través del desarrollo meditativo de la interconexión con todos los seres y la humanidad compartida.

Los conceptos claves del programa MBPM

Los veintitrés conceptos claves que se abordan de manera explícita (didáctica) e implícita (meditación, indagación, representaciones vivenciales) se basan en el libro *Tú no eres tu dolor* (Burch, 2016) y en el *Cuaderno de práctica* (RespiraVida BreathWorks, 2015a). Ver el listado completo de conceptos claves del curso en la tabla 3.

Los 6 pasos, la columna vertebral del programa

Un elemento didáctico que organiza e integra todo el aprendizaje transformador del programa MBPM a lo largo de las ocho semanas es lo que llamamos el proceso de los 6 pasos (Burch, 2014). Este constituye una especie de mapa en el que progresivamente se desarrolla la conciencia, cultivando una serie de cualidades que enriquecen y afianzan el proceso de transformación que se da en la mente y el corazón de cada participante. Además, cada paso guarda correspondencia con una o más prácticas de meditación, el tema y los objetivos de la semana y los conceptos claves. La unión de estos elementos genera un poderoso sentido de dirección, integración y perspectiva fiable, tanto para los participantes como para el profesor.

Los 6 pasos y las meditaciones MBPM

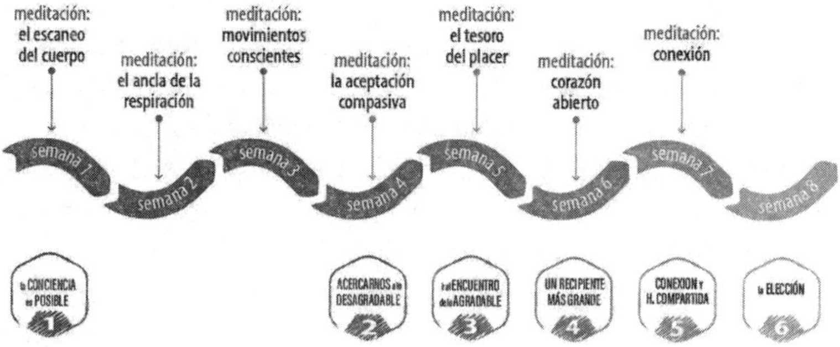

Las prácticas meditativas del programa MBPM

Muchas de las prácticas meditativas MBPM se inspiran en las meditaciones budistas tradicionales, pero todas están redactadas con un lenguaje completamente secular y respetuoso e incluyen una particular sensibilidad con el trauma (mindfulness sensible al trauma).

El escaneo del cuerpo y el ancla de la respiración son parte de un grupo de meditaciones conocidas como de conciencia enfocada (CE o *samatha*). A lo largo de las ocho semanas se enfatiza en las llamadas prácticas generativas, tradicionalmente conocidas como las cuatro *Brahma Viharas* o cuatro cualidades inconmensurables, o también emociones positivas hábiles. Dentro de este grupo estarían las prácticas: aceptación compasiva, el tesoro del placer, corazón abierto y conexión con prácticas generativas. El grupo de prácticas designadas como conciencia abierta (CA o *vipassana*) se cultiva especialmente en la práctica de corazón abierto (Burch, 2016).

De acuerdo con la clasificación de los mecanismos de acción psicológica (Hölzel, 2011), las prácticas del escaneo del cuerpo y el ancla de la respiración se relacionan con mecanismos de regulación atencional y conciencia corporal. Mientras que las meditaciones aceptación compasiva, tesoro del placer y conexión se relacionan con los mecanismos de regulación emocional. Por último, la meditación corazón abierto se relaciona con el mecanismo de cambio de perspectiva del yo.

En conjunto, todas las meditaciones (ver tabla 2) ayudan a cultivar una conciencia precisa de la experiencia física, mental y emocional (conciencia enfocada o *samatha*), una habilidad para descansar dentro del flujo de la vida y para cultivar la ecuanimidad no reactiva (conciencia abierta, *vipassana*), y una facultad de calidez y compasión hacia uno mismo y los demás (prácticas generativas o *Brahma Viharas*). Los enfoques meditativos que combinan diferentes formas de meditación han demostrado ser eficaces en la reducción del dolor, incluso después de un entrenamiento relativamente breve, como lo describen Zeidan *et al.* (2010).

A lo largo del curso se van introduciendo las siguientes seis prácticas de meditación:

a) **Escaneo del cuerpo:** una meditación que implica progresivamente descansar la atención en las sensaciones físicas del cuerpo como una forma de reducir las elaboraciones conceptuales.
b) **Ancla de la respiración:** una meditación que entrena la conciencia sobre las sensaciones físicas y los movimientos de la respiración, nuevamente para reducir las elaboraciones conceptuales, así como para enfocar la mente.
c) **Aceptación compasiva:** una meditación donde uno abre la conciencia para incluir las sensaciones desagradables con una actitud de autocompasión, ternura y cuidado. Esto ayuda a suavizar los hábitos de la resistencia y la aversión.
d) **Tesoro del placer:** una meditación que se centra en «ir al encuentro» de los aspectos agradables de la experiencia momento

a momento. Esto ayuda a fortalecer las conexiones neuronales de la emoción positiva y disminuir el sesgo hacia lo negativo.

e) **Corazón abierto:** una meditación que cultiva una conciencia amplia, cálida, receptiva, no reactiva y ecuánime.

f) **Conexión:** una meditación donde se amplía la conciencia para incluir a los demás, consciente de la humanidad compartida, que crea empatía y compasión.

Tabla 2. Los 6 pasos, las meditaciones MBPM, los diferentes énfasis en la práctica semana a semana y los mecanismos de acción psicológica asociados

<table>
<tr><th>Semanas</th><th>1</th><th>2</th><th>3</th><th>4</th><th>5</th><th>6</th><th>7</th><th>8</th></tr>
<tr><td>Los 6 pasos</td><td colspan="3">Paso 1</td><td>Paso 2</td><td>Paso 3</td><td>Paso 4</td><td>Paso 5</td><td>Paso 6</td></tr>
<tr><td>Meditaciones MBPM</td><td>Escaneo del cuerpo</td><td>Ancla de la respiración</td><td>Movimientos conscientes</td><td>Aceptación compasiva</td><td>Tesoro del placer</td><td>Corazón abierto</td><td>Conexión</td><td></td></tr>
<tr><td rowspan="2">Enfoque versus Amplitud</td><td colspan="8">← Conciencia enfocada / samatha</td></tr>
<tr><td colspan="8">Conciencia abierta / vipassana →</td></tr>
<tr><td rowspan="2">Uno mismo versus los demás</td><td colspan="8">← Uno mismo</td></tr>
<tr><td colspan="8">Prosocial →</td></tr>
<tr><td>Mecanismos psicológicos</td><td colspan="3">Conciencia corporal y regulación atencional</td><td colspan="2">Regulación emocional</td><td colspan="3">Cambio de perspectiva del yo</td></tr>
</table>

Nota: Las relaciones establecidas en esta tabla tienen un fin didáctico y orientativo, pues no pretende ser una correspondencia exacta.

Sobre la postura para meditar para personas con dolor crónico

En este aspecto, conviene destacar que el hecho de proveer a los participantes de prácticas de meditación de duración variable (cortas y largas), enfatizando más en intercalar dos o tres prácticas cortas a lo largo del día que en llevar a cabo una única práctica extensa es un criterio deliberado que se fundamenta en las limitaciones a la postura, muy comunes en una población con dolor y enfermedad crónicos. Este criterio, aunque va en contra de las recomendaciones provenientes de la tradición meditativa, es apoyado por la evidencia científica (Zeidan *et al.*, 2010). También se advierte a los participantes que no permanezcan estoicamente en una única postura si está suponiendo un gran reto, ya que es mejor que sean creativos, amables y sensibles con su cuerpo y su estado de salud actual, y cambien y adapten la postura si es necesario.

Otros elementos distintivos del programa MBPM

Trabajo de gestión de los pensamientos y la regulación emocional. Un aspecto transversal de MBPM es la noción de que, al ser conscientes de nuestras tendencias mentales y emocionales, ya no necesitamos ser víctimas de ellas. ¡Se hace hincapié en el concepto de que «los pensamientos no son hechos, incluso aquellos que dicen serlo»! (Segal *et al.*, 2006). A los participantes también se les enseña a mirar «hacia» los pensamientos y no «desde» los pensamientos, para que los vean como eventos mentales transitorios, superando los hábitos de sobreidentificación con su contenido.

Programa de esfuerzo equilibrado (*Pacing* en inglés). Incluye un módulo detallado para la gestión de las actividades cotidianas, basado en un diario. Las observaciones que surgen de la realización y el análisis de este diario ayudan a debilitar los patrones de «explosión-contracción» con un exceso de actividad en días buenos, seguidos por periodos de agotamiento e inactividad. Patrones muy frecuentes en las personas con dolor crónico (o cualquier condición de salud crónica). Precisamente, este programa permite romper este ciclo e imprimir un ritmo o una pauta de actividad estable y sostenible. Se ofrece a los participantes unos formularios que deben rellenar con sus actividades diarias durante al menos seis días seguidos, para posteriormente analizar y sacar conclusiones de sus tendencias y así establecer metas más realistas, pero sostenibles y alineadas con sus valores.

Movimientos conscientes. Están basados en el yoga, pilates y *chi-kung*, adaptados para personas que conviven con el dolor y la enfermedad. Lo que se enseña esencialmente es una meditación en movimiento, con énfasis en la calidad de atención, mientras y durante el movimiento, y no en cuánto es posible moverse o estirarse o en el número de repeticiones. La respiración y la curiosidad juegan un rol esencial en el enfoque meditativo de estos movimientos, que se realizan sentados en una silla o recostados sobre una esterilla de yoga. Para las personas con condiciones de dolor severas, aprender a mover algo tan simple como abrir y cerrar las manos con la respiración les da confianza para moverse sin aumentar el dolor. Como hemos visto en el capítulo 9, se podría decir que estos movimientos están enmarcados dentro de lo que en mindfulness se llama «modo ser» y no en el «modo hacer» (Burch, 2016).

Trabajo con la respiración. Una de las razones por las que utilizamos el nombre de RespiraVida BrehatWorks es porque creemos que la conciencia de la respiración constituye una poderosa herramienta para el cultivo de la atención consciente, la reconexión con nuestro hogar corporal y la liberación del sufrimiento secundario. La respiración opera como un hilo que enhebra las distintas prácticas que configuran nuestro acercamiento a la experiencia. Se puede leer más en el capítulo 9.

Liberadores de hábitos. Estas pequeñas y sencillas actividades invitan a romper alguno de los hábitos inconscientes de pensamiento y de conducta durante el día a día. Los liberadores de hábitos progresivamente desmontan tus hábitos de pensamientos y comportamientos negativos. El proceso de ruptura de hábitos (al que hemos decidido llamar «liberador de hábitos») puede ser tan sencillo como observar las nubes sentado en el banco de un parque o esperar tranquilamente a que hierva el agua que estamos calentando para prepararnos una taza de té o de café (ver tabla 3).

En conclusión, de lo dicho hasta ahora sobre el programa MBPM, podemos ver que, en conjunto, sus diferentes elementos pueden facilitar una transformación profunda en la respuesta del individuo al dolor y a las dificultades. La práctica formal de la meditación es solo un elemento de los tantos que integran el programa. También se pone énfasis en traer conciencia y amabilidad a las actividades de la vida diaria y a una reorientación positiva gradual del comportamiento y de las actitudes.

Tabla 3. Integración de los diferentes elementos del programa Mindfulness y Compasión para la Salud MBPM semana a semana de RespiraVida BreathWorks

	Tema	Concepto clave	Práctica de meditación	Liberador de hábitos	El proceso de los 6 pasos
Semana 1	El cuerpo respirando	1) ¿Qué es mindfulness? 2) Sufrimiento primario y secundario 3) Conciencia de la respiración y el cuerpo	Meditación: El escaneo del cuerpo	Pasar tiempo en la naturaleza	Paso 1: Aprender a tener conciencia de nuestra experiencia, sensaciones, pensamientos y emociones, interna y externa
Semana 2	Habitar el cuerpo	4) Modo hacer y modo ser 5) Volver a nuestros sentidos 6) Los pensamientos no son los hechos 7) Relacionarte con la vida como un fluir	Meditación: El ancla de la respiración	Mirar el cielo por un momento	
Semana 3	Vivir y moverse con mindful-ness	8) Bordes blandos y bordes duros 9) Ciclo de hiperactividad e hipoactividad 10) Esfuerzo equilibrado y valores de referencia 11) Tres minutos mindfulness (3MM)	Movimientos conscientes	Observar una tetera con agua hirviendo	
Semana 4	Acercarse a lo desagradable	12) Resistencia y aceptación 13) Bloquear y desbordarse	Meditación: La aceptación compasiva	Hacer las paces con la gravedad	Paso 2: Acercarse a lo desagradable (aceptación y compasión)

(Continua en página siguiente)

Tabla 3. Integración de los diferentes elementos del programa Mindfulness y Compasión para la Salud MBPM semana a semana de RespiraVida BreathWorks *(continuación)*

	Tema	Concepto clave	Práctica de meditación	Liberador de hábitos	El proceso de los 6 pasos
Semana 5	El tesoro del placer	14) El sesgo hacia lo negativo 15) El tesoro del placer 16) En aquello en lo que pensamos o vivimos nos convertimos	Meditación: El tesoro del placer	Escribir 10 experiencias agradables	Paso 3: Ir al encuentro de lo agradable (curiosidad y aprecio y gratitud)
Semana 6	Encontrando ecuanimidad	17) Tres sistemas de regulación emocionales 18) La amabilidad 19) Un recipiente más grande: ecuanimidad	Meditación: El corazón abierto	Parar para ver y escuchar cada día	Paso 4: Un recipiente más grande (perspectiva y ecuanimidad)
Semana 7	Apertura hacia lo que nos rodea	20) Conexión: la dimensión social de mindfulness 21) Equilibrar el esfuerzo	Meditación: La conexión	Realizar acciones bondadosas al azar	Paso 5: Conexión (humanidad compartida)
Semana 8	El viaje continúa	22) Tres herramientas: conciencia focalizada, conciencia abierta y conciencia compasiva 23) Recursos para continuar el viaje			Paso 6: Elección (responder y no reaccionar)

Capítulo 12

Los 6 pasos en el programa Kindfulness para el Estrés

Dharmakirti Zuázquita

Tornarse más consciente puede ser equivalente
a pasar de un mundo en dos dimensiones,
en blanco y negro, a uno en tres dimensiones,
saturado de color.

VIDYAMALA BURCH

El programa Mindfulness y Compasión para el Estrés, popularmente conocido como Kindfulness para el Estrés, también utiliza de manera central el modelo de los 6 pasos (ver tabla 4 al final de este capítulo). Por esta razón, consideramos conveniente realizar una breve introducción de este y, posteriormente, ofrecemos un resumen de la versión de los 6 pasos adaptados a este programa particular. En este caso, se denominan «Los 6 pasos hacia la ecuanimidad».

El formato, similar al programa MBPM, es un programa, secular, psicoeducativo grupal, con estándares de calidad, que se fundamenta en evidencias científicas y prácticas de la tradición contemplativa. Tiene una duración de ocho semanas y una sesión extra de práctica, meditación y silencio. Cada sesión dura dos horas y media.

El libro *Kindfulness: Atención consciente y amable para el estrés* de Dharmakirti y Ratnaguna (2020) constituye la base teórica de este programa.

La palabra *kindfulness* tiene como propósito comunicar y resaltar la importancia del aspecto amable y compasivo que incluye el mindfulness. A partir de la segunda mitad del curso, y siendo sensible a las implicaciones de enseñar mindfulness fuera del marco ético original, se pone énfasis en el desarrollo de las emociones positivas y hábiles provenientes de la tradición contemplativa como la amabilidad, la compasión, la alegría empática y las cualidades que promueven la conducta prosocial, el desarrollo y el florecimiento humano. La compasión aporta a mindfulness el compromiso social de intentar que el mundo sea mejor, así como el compromiso individual de querernos y cuidarnos cuando estemos sufriendo.

El programa Kindfulness para el Estrés ha sido sometido a estudios de investigación que han podido medir a través de la metodología científica los efectos de su aplicación. En un reciente estudio casi experimental (Pizutti, 2019), se concluye que la aplicación del programa Kindfulness sobre un grupo de profesionales de la salud de un hospital de Brasil: «disminuye los síntomas psiquiátricos y los afectos negativos (ansiedad, depresión, etc.), incrementa los afectos positivos, y supone un importante aumento de la autocompasión».

A diferencia del programa MBPM (más orientado a las personas con dolor o enfermedad crónica), el programa Kindfulness está dirigido a todas aquellas personas que quieran introducirse o profundizar en la práctica de mindfulness y compasión. Durante el mismo se aprende a:

- Gestionar el estrés y otros estados mentales negativos.
- Gestionar situaciones difíciles en las vidas de las personas (*burnout* laboral, separación, duelo, cambios importantes).
- Cultivar estados mentales y emocionales positivos, creativos y hábiles.
- Desarrollar mayor resiliencia tanto a nivel personal como profesional y social.

Los 6 pasos hacia la ecuanimidad

La ecuanimidad es un estado mental de estabilidad emocional o de compostura, especialmente cuando estamos bajo estrés o presión; de equilibrio y calma. La palabra ecuanimidad viene del latín *aequus*, que significa «balance» o «equilibrio», y *animus*, «espíritu» o «estado interno», así pues, se trata de un estado interno de equilibrio.

Usualmente, cuando estamos con estrés, buscamos suprimir o tratar de tapar los sentimientos difíciles que estamos experimentando: negando, evitando, pretendiendo que estamos bien: a esto lo llamamos «ahuyentar o bloquear nuestra experiencia».

Otras veces, nos sentimos abrumados, sentimos que no podemos hacernos cargo y que nos estamos hundiendo bajo esa presión. A esto lo llamamos «ahogarse o abrumarse en nuestra experiencia».

La ecuanimidad es un estado en el cual contenemos las experiencias difíciles con calma, un estado de equilibrio entre «ahuyentar» y «ahogarse». Los siguientes 6 pasos son una especie de mapa que nos puede ayudar a navegar en nuestra experiencia:

Paso 1. Conciencia de las sensaciones reales en cada momento

- Mindfulness: prestar atención a lo que realmente está sucediendo en el momento presente.
- Nuestra experiencia real en el momento presente muchas veces no es lo que pensamos que es.
- Aprender a prestar atención a una sola cosa a la vez y a traer la mente de vuelta cuando se dispersa.
- Necesitamos desarrollar esta capacidad un poco antes de emprender los cinco pasos siguientes del proceso.

Paso 2. Acercarnos/afrontar lo desagradable o difícil

- Permitir que cualquier cosa que actualmente estamos encontrando difícil o dolorosa simplemente esté, enfocándola con una actitud suave, tierna, amable y sin juicios.
- Dos cualidades nos apoyarán en este paso: la aceptación y la autocompasión.
- Se puede comparar con la actitud que podrías tener ante un niño que acaba de hacerse daño: el impulso natural es acercarte, cuidarlo y abrazarlo.

Paso 3. Ir al encuentro de las sensaciones agradables o placenteras

- Hacernos más receptivos a los aspectos agradables del momento presente.
- A veces, cuando estamos sufriendo, es fácil perder de vista el hecho de que hay partes de nuestra experiencia que son agradables: tomar la iniciativa a la hora de buscarlas.
- Dos cualidades nos guiarán en este paso: curiosidad y aprecio.

- Por ejemplo: sensación agradable de calidez en las manos, una sensación agradable en el abdomen, un rayo de sol que entra por la ventana atravesando la sala, la compañía de un amigo o de una amiga.
- No estás intentando distraerte de los aspectos desagradables de tu vida, estás permitiendo que se queden en un segundo plano dentro de tu conciencia.

Paso 4. Ampliar nuestra conciencia para convertirnos en «un recipiente más grande»

- Ampliamos nuestro campo de conciencia para incluir y mantener conscientes simultáneamente tanto los aspectos desagradables como los aspectos agradables de nuestra experiencia en el momento presente.
- Es como cambiar el enfoque de una cámara: dejamos de usar el zum y de enfocarnos en un aspecto determinado de la experiencia, y optamos por una lente de gran ángulo, capaz de englobar toda la experiencia.
- Dejar que todo surja y se desvanezca momento a momento, soltando nuestra tendencia a rechazar lo desagradable o aferrarnos a lo agradable.
- Durante este paso cultivamos este sentido de ecuanimidad, apertura y receptividad a la experiencia, tanto interna como externa.

Paso 5. Conexión y humanidad compartida

- La práctica de mindfulness incluye también la conciencia de los demás. Los aspectos mencionados hasta ahora, habitar tu cuerpo instante tras instante y familiarizarte con tus sensaciones, tus emociones y tus pensamientos, alientan la conciencia de uno mismo. Desde este fundamento puedes expandir tu conciencia ubicándote imaginariamente en la piel de los demás.

- Todos tenemos un cuerpo que experimenta sensaciones, todos tenemos pensamientos y emociones y todos tratamos, de formas muy parecidas, de evitar el dolor y aferrarnos al placer.
- Nos desplazamos de lo individual a lo universal, del aislamiento a la conexión.
- El cultivo de una actitud amable y bondadosa hacia ti puede establecer el fundamento desde el que expandir tu amabilidad a los demás.

Paso 6. La elección

- Aprender a elegir responder en vez de reaccionar ante los aspectos desagradables y difíciles de la vida.
- Los 6 pasos nos permiten tener una sensación de espacio alrededor de nuestra experiencia.
- Nos posibilitan darnos cuenta o percatarnos de que posiblemente no podamos quitarnos de encima las experiencias difíciles o desagradables de inmediato, pero sí podemos elegir cómo responder ante ellas.
- Vivir bien no significa conseguir lo que quieres, sino elegir el modo de responder ante cualquier cosa que la vida te ponga enfrente.
- La elección es un paso final, porque es más fácil tener un sentido de espacio a partir de los pasos anteriores.

Tabla 4. Integración de los diferentes elementos del programa Kindfulness para el Estrés: temas, conceptos clave, práctica formal e informal y distribución de los 6 pasos, semana a semana

	Tema	Concepto clave	Práctica de meditación	Mindfulness en acción	El proceso de los 6 pasos
Semana 1	Aprender a elegir	1) ¿Qué es mindfulness? 2) Piloto automático 3) Experiencia primaria y secundaria 4) Aprender a elegir	Meditación: El escaneo del cuerpo	Realizar una actividad cotidiana mindfulness	Paso 1: La conciencia es posible (aprender a establecer la atención consciente)
Semana 2	Volviendo a los sentidos	5) Modos ser y hacer 6) Modos perceptual-sensorial y conceptual de la mente 7) Obstáculos de la práctica 8) El rol de la respiración	Meditación: Mindfulness de la respiración	Hacer actividades más lentamente de lo habitual	
Semana 3	Vivir y moverse con mindfulness	9) Meditación en movimiento. 10) Los pensamientos no son (necesariamente) los hechos 11) Los 6 pasos para la ecuanimidad	Meditación: 1. Gestión de los pensamientos 2. Movimientos conscientes I 3. Pausa mindfulness en tres pasos	Tomar un descanso	
Semana 4	Acercarse a lo desagradable	12) Gestionar pensamientos cargados 13) Gestionar las experiencias difíciles con aceptación y amabilidad 14) La paradoja de mindfulness	Meditación: 1. Gestión de pensamientos cargados 2. Estar experiencia no deseada	Aceptar una experiencia difícil	Paso 2: Acercarse a lo desagradable (aceptación y autocompasión)

(Continua en página siguiente)

Tabla 4. Integración de los diferentes elementos del programa Kindfulness para el Estrés: temas, conceptos clave, práctica formal e informal y distribución de los 6 pasos, semana a semana *(continuación)*

	Tema	Concepto clave	Práctica de meditación	Liberador de hábitos	El proceso de los 6 pasos
Semana 5	Siéntate. celebra la vida	15) Equilibrar el sesgo hacia lo negativo 16) Observar las experiencias positivas y placenteras de nuestra vida	Meditación: 1. Movimientos conscientes II 2. Escaneo del cuerpo notando lo placentero	Recibir lo bueno	Paso 3: Ir al encuentro de lo agradable (apreciación y curiosidad)
Semana 6	Kindfulness: la bondad amorosa	17) Kindfulness: la conciencia amable 18) Tres sistemas emocionales 19) La amabilidad hacia uno mismo 20) Amabilidad hacia uno mismo versus autocrítica 21) Conciencia del entorno y perspectiva	Meditación: 1. Amabilidad hacia uno mismo	Pasar un tiempo en el círculo verde	Paso 4: Un recipiente más grande (perspectiva y ecuanimidad)
Semana 7	La dimensión social y altruista	22) Conciencia de otras personas 23) Ampliando el círculo de kindfulness 24) Reflexiona sobre tus redes sociales y resonancia positiva 25) El embudo del agotamiento	Meditación: 1. Amabilidad hacia uno mismo, la persona amiga, neutra, difícil y todos los seres	Reflexionar sobre tus interacciones sociales	Paso 5: Conexión (humanidad compartida)
Semana 8	Una espiral + para florecer	26) Del embudo del agotamiento a la espiral de florecimiento 27) Elegir responder en vez de reaccionar 28) Practicar la gratitud 29) El resto de tu vida	Meditación: 1. La amabilidad – kindfulness andando	Hacer una pausa de gratitud	Paso 6: La elección (responder y no reaccionar)

Capítulo 13

Los 6 pasos: Beneficios y evidencias científicas del programa MBPM

Dharmakirti Zuázquita

> Saber que no sabemos
> ese es el principio de toda sabiduría.
>
> U. Sangharákshita

Los 6 pasos están enraizados en la psicología contemplativa budista, en una didáctica experiencial e interactiva, pero también tiene sus cimientos en las evidencias científicas. En RespiraVida BreathWorks, nuestro objetivo es evaluar continuamente los efectos clínicos de nuestro programa de manejo del dolor y la enfermedad crónicos, basado en mindfulness y compasión, y mantener un plan continuo de desarrollo y colaboración en la investigación.

Queda fuera del alcance de este libro ofrecer una descripción exhaustiva de todas las investigaciones que se han hecho sobre el programa MBPM. Sin embargo, vale la pena mencionar y destacar algunos estudios. Si deseas conocer el listado completo y acceder a cada una de las investigaciones científicas realizadas sobre el programa MBPM, te recomendamos visitar el siguiente enlace: https://www.respiravida.net/articulo/investigaciones-MBPM.

Uno de los primeros estudios llevados a cabo sobre el programa fue un ensayo controlado y aleatorizado que, además de autoinformes, utilizó una metodología para medir la actividad neuronal usando un electroencefalograma: «Correlación psicobiológica en la mejora de la salud mental en pacientes con dolor musculoesquelético después de un programa de manejo del dolor basado en mindfulness» (Brown, Jones, 2013). Los investigadores señalaron: «El programa MBPM mejoró el bienestar mental de los pacientes y su sensación de poder controlar sus síntomas de dolor. Estas mejoras se relacionaron con cambios en los patrones de actividad en regiones del cerebro involucradas con el control cognitivo y la regulación emocional».

En un estudio longitudinal cualitativo (Long *et al.*, 2016) se exploró cómo las personas utilizaron mindfulness durante años y cómo esto afectó a su experiencia de vivir con una condición de salud a largo plazo. En general, se encontró que la práctica de mindfulness tuvo un beneficio significativo en el bienestar de los participantes, y los efectos duraron hasta nueve años después de asistir al curso MBPM.

El dolor crónico supone un coste importante para el sistema sanitario, tanto a nivel de número de consultas, como de pruebas y tratamientos farmacológicos. Existen evidencias que avalan que el desarrollo de herramientas de autogestión no solo beneficia a los pacientes, sino que también tienen un impacto positivo en el sistema de salud. Además, el programa MBPM, al tratarse de una intervención de autogestión psicoeducativa de carácter grupal, podría tener un impacto directo en la reducción de coste y de saturación del sistema de salud. En un reciente estudio comparativo (Fernández, 2022) entre diferentes programas paliativos del dolor disponibles en España, el programa MBPM sobresale como la herramienta de autogestión de dolor crónico más completa de las analizadas, siendo, además, la que incluye mindfulness y compasión de manera más integrada, lo que favorece un mayor recorrido de sus beneficios asociados.

Según una investigación realizada en la Universidad de North Carolina, Estados Unidos, la meditación produce potentes efectos analgésicos en el cerebro (Zeidan, 2011). En este estudio se realizó un entrenamiento de meditación breve (no basado en MBPM) con un grupo de pacientes en los que se observó un importante efecto, de alrededor de un 40% de reducción de la intensidad del dolor y de un 57% de reducción del malestar asociado. Según el autor, la meditación produjo una disminución del dolor mayor que incluso la morfina u otros fármacos analgésicos. En un reciente ensayo clínico, realizado a partir de marcadores biológicos, se observó que experimentaron un incremento significativo de oxitocina (conocida como la hormona del amor), junto con mejoras sustanciales en la percepción del dolor y el estado de ánimo en las personas con dolor crónico que realizaron el curso MBPM de ocho semanas con respecto al grupo de control. En este mismo estudio, se observó también una disminución significativa de las citocinas inflamatorias (Aygün, 2024).

Un estudio llevado a cabo en colaboración con la AECC (Asociación Española Contra del Cáncer) y la Universidad de Alcalá de Henares (Alonso, 2019) concluye que el programa MBPM realizado con pacientes oncológicos mejora el ajuste psicológico de los participantes. En 2022, un estudio clínico aleatorizado, basado en autoinformes, sobre programa MBPM, llevado a cabo por investigadores de la Universidad del País Vasco, observa que en el grupo en el que se realizó la intervención MBPM de ocho semanas hubo un efecto moderado-grande en el manejo y aceptación del dolor, uso de analgésicos, síntomas psicopatológicos, pensamientos negativos generales, culpabilidad, calidad de vida relacionada con la salud mental y resiliencia (Pérez, 2022).

Según la Organización Mundial de la Salud (OMS), «La salud es un estado de completo bienestar físico, mental y social, y no solamente la ausencia de afecciones o enfermedades». En un estudio cualitativo (Doran, 2014) sobre los beneficios del programa MBPM, se identificaron mejoras específicas de los participantes (pacientes con dolor de espalda crónico) en cinco subtemas: 1) deconstrucción de la experiencia del dolor, 2) cambios en la relación con el dolor, 3) soltar las etiquetas, 4) autocompasión y aceptación, y 5) bienestar dentro de la enfermedad.

La *Revisión Narrativa de las publicaciones de investigación de la literatura científica relacionadas con el programa Mindfulness y Compasión para la Salud MBPM* (Zuázquita, 2019) indica en sus conclusiones que las mediciones hechas antes y después de la aplicación del programa MBPM permiten concluir que este tiene un claro potencial de ayudar a las personas en su relación con la enfermedad y el dolor crónico: «De manera general, se puede concluir, sobre la base de todos estos estudios, que el programa MBPM es beneficioso para la salud, el bienestar y la autogestión del dolor».

Uno de los temas importantes en la práctica de mindfulness es aprender a gestionar los pensamientos. En un estudio longitudinal con mediciones previo al curso MBPM (Breathworks, 2017), al final, a los tres y a los doce meses (ver siguiente gráfico) se observó una disminución estadísticamente significativa de la catastrofización ante el dolor (García-Campayo, 2008), que es un constructo mental negativo exagerado que se manifiesta durante la experiencia dolorosa real o en forma anticipada a ella. El miedo anticipatorio ante el dolor se ha asociado con una mayor prescripción y utilización de analgésicos.

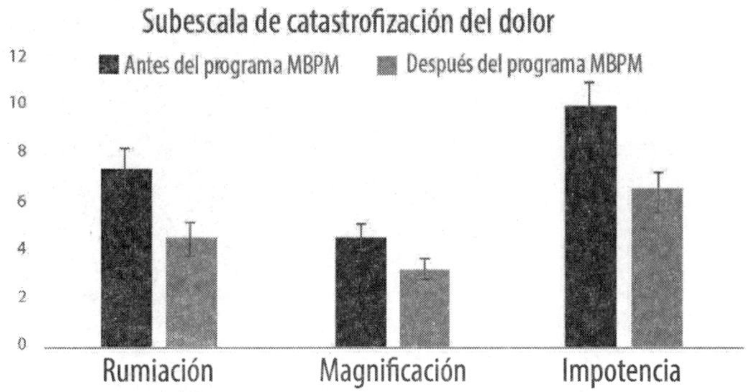

– Rumiación: p. ej., «No puedo dejar de pensar en cuánto me duele».
– Magnificación: p. ej., «Tengo miedo de que algo serio pueda pasar».
– Impotencia: p. ej., «No hay nada que pueda hacer para reducir la intensidad de mi dolor».

Capítulo 14
Los 6 pasos y las raíces contemplativas del programa MBPM

Vidyamala Burch y Dharmakirti Zuázquita

> Las experiencias son precedidas por la mente, dirigidas por la mente y producidas por la mente. Si uno habla o actúa con una mente impura, le sigue el sufrimiento como la rueda del carro sigue la pezuña del buey (que tira del carro).
>
> Las experiencias son precedidas por la mente, dirigidas por la mente y producidas por la mente. Si uno habla o actúa con una mente pura, le sigue la felicidad como una sombra que nunca se va.
>
> Versos gemelos del Buda, Dhammapada

Algunas enseñanzas budistas fundamentales se encuentran implícitas en los distintos elementos del programa MBPM. En particular, destacan tres textos del *Canon Pali* como especialmente relevantes para la gestión del dolor, el *Sallatha Sutta*, el *Satipatthana Sutta* y el *Sona Sutta*, además de recurrir a enfoques claves sobre la compasión, también provenientes de la tradición budista. El lenguaje ha sido adaptado para hacerlo adecuado para una intervención en la salud, pero los principios subyacentes se han desarrollado a lo largo de los 2.500 años de historia de la práctica budista, la cual es una tradición especializada en el entrenamiento de la mente y el corazón para liberarnos del sufrimiento reactivo.

Salattha Sutta

En este *sutta* se le pide al Buda que describa la diferencia entre un sabio y una persona ordinaria en su respuesta ante el dolor. Él hace una analogía y dice que el dolor físico es como si uno fuera atravesado por una flecha. Cualquier ser humano así lo experimentará, al menos a veces, cuando las sensaciones desagradables vengan al territorio del ser humano. Continúa diciendo que una persona «ordinaria» (torpe) reacciona con resistencia y resentimiento, y esto es como si fuera atravesada por una segunda flecha. De esta manera, entonces se tiene el dolor de dos flechas:

> Cuando una persona ordinaria experimenta una sensación corporal dolorosa, se preocupa, sufre y experimenta angustia. Entonces siente dos tipos de dolor, uno físico y otro mental. Es como si esta persona fuese atravesada por una flecha e inmediatamente después por una segunda y experimentara el dolor de dos flechas [...].
>
> Después de haber sido tocado por una sensación dolorosa, la persona se resiste y resiente al dolor. Desarrolla aversión hacia el dolor y su mente acaba obsesionándose por esa tendencia subyacente de resistencia y resentimiento hacia la sensación dolorosa [...].

Al ser abrumado y dominado por el dolor (a través de la resistencia y la distracción compulsiva), la persona ordinaria se ve enfrentada al sufrimiento y el estrés (Burch, 2014, págs. 62-65).

Según el Buda, hay una respuesta alternativa a las sensaciones corporales dolorosas, es la de una persona sabia:

> Cuando un sabio experimenta una sensación corporal dolorosa, no se preocupa, ni sufre y ni se siente angustiada; siente el dolor físico, pero no el dolor mental. Es como si esta persona fuera atravesada por una flecha, pero una segunda flecha no sigue a la primera, solo experimenta el dolor de una sola flecha [...].
>
> La persona sabia no acumula sufrimiento ni estrés. Esta es la diferencia entre el sabio y la persona ordinaria (Burch, 2014, págs. 69-70).

En RespiraVida BreathWorks este *sutta* es un concepto medular del programa que exploramos una y otra vez. A la primera flecha la llamamos sufrimiento primario, y a la segunda, sufrimiento secundario, y sugiere que el MBPM puede ayudarnos a aceptar el sufrimiento primario y reducir o superar el sufrimiento secundario.

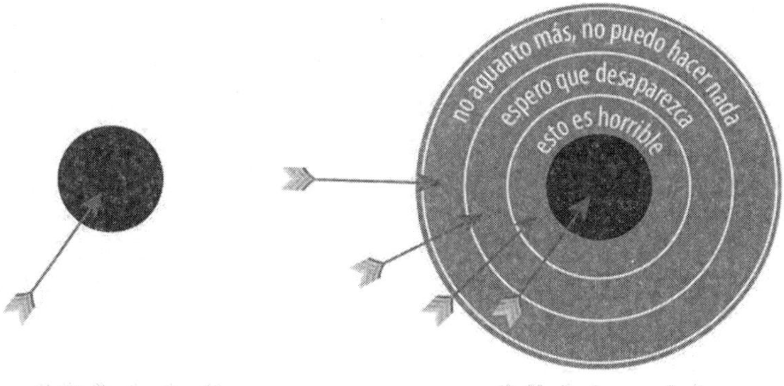

Sufrimiento primario:
Sensación de dolor en las lumbares

Sufrimiento secundario:
Pensamientos, juicios, resistencia, etc.

El Buda dice que la primera flecha de sufrimiento primario es «dada» justo en el momento en que se experimenta, y una respuesta consciente consiste en responder con una actitud de amable aceptación.

El sufrimiento secundario surge de reaccionar con resistencia y aversión ante el sufrimiento primario, que son todas las formas en que lo exteriorizamos («No quiero que esto esté sucediendo»). Es este sufrimiento secundario el que causa la mayoría de los problemas y generalmente se manifiesta entre los dos extremos de ahuyentar (bloqueo) y abrumarse (ahogamiento). Bloquear incluye conductas como adicciones, inquietud, incapacidad para detenerse e «impetuosidad». Ahogarse incluye comportamientos tales como la depresión, sentirse abrumado y mantenerse en cama, autoconmiseración y una tendencia a catastrofizar las cosas y perder la perspectiva.

Las personas con dolor crónico a menudo oscilan entre estos polos, huyendo de la experiencia desagradable hasta agotarse, para luego, caer en una abrumadora pérdida de perspectiva y un bajo estado de ánimo. En el programa MBPM brindamos a las personas herramientas específicas para superar estas respuestas y vivir con mayor equilibrio y calma.

Como el Buda dice en el *Sallatha Sutta*, podemos avanzar hacia la aceptación del sufrimiento primario y evitar el sufrimiento secundario al ser como la persona sabia que puede «discernir y entender» sus sentimientos tal y como son en el momento. Es decir, prestar atención a la experiencia como realmente es, sin intentar bloquearla o sentirse abrumado. Al volver a la conciencia corporal del momento presente, las sensaciones primarias pueden ser aceptadas con una actitud de amabilidad y cuidado, y el sufrimiento secundario puede disolverse.

Un elemento central en esta percepción es poder ver de manera directa la naturaleza del dolor, que es un flujo cambiante de sensaciones, en lugar de un enemigo inmutable. Esto conduce a la experiencia general de la reducción del sufrimiento, a menudo de forma dramática, aprendiendo a experimentar el dolor como «un río» en lugar de como «una roca», lo cual es profundamente transformador.

Satipatthana Sutta (enseñanza del Buda sobre mindfulness o atención consciente)

Otro texto budista clave que subyace en el programa de RespiraVida BreathWorks (MBPM) es el *Satipatthana Sutta*, considerado como uno de los textos centrales en la atención plena en la tradición budista. Este *sutta* establece claramente el proceso de la percepción en los seres humanos y, como el *Sallatha Sutta,* divide la experiencia en aspectos que son «dados» en cada momento (primaria) y en aspectos que son activos, ya sea reactivos/destructivos o de respuesta creativa (secundaria).

La experiencia primaria consiste en la conciencia corporal, así como el primer destello de percepción que se presenta a través de los sentidos, llamados *vedana* en pali, la lengua de los primeros textos budistas. Se traduce generalmente como sensaciones o sentimientos refiriéndose al sentido de una cualidad agradable, desagradable o neutra cuando las impresiones sensoriales aparecen en la conciencia. En el caso del dolor, estas impresiones sensoriales entrarán como *vedana* doloroso o desagradable. El Buda afirmó que en el momento presente estos dos aspectos de la percepción, cuerpo y sensaciones están presentes para todos, seamos sabios o no, simplemente porque todos los seres humanos tenemos un cuerpo con sistemas de percepción.

El Buda aclaró en este *sutta* que la tarea de la persona consciente es cultivar conciencia de estas primeras impresiones *antes* de que las reacciones automáticas aparezcan. Para quienes viven con dolor, la tarea es detectar los primeros destellos de sensaciones desagradables que puedan surgir en el cuerpo, momento a momento. Esto crea entonces un punto de elección o un espacio para decidir cómo responder, en lugar de experimentar de inmediato reacciones impulsivas o las emociones negativas del piloto automático, que tan rápidamente se presentan en la persona inconsciente y que son la causa del sufrimiento secundario.

Con mindfulness, es posible experimentar las sensaciones de dolor sin reaccionar automáticamente y ver directamente en su naturaleza que son impermanentes y transitorias, como todo lo demás en el mundo fenoménico. Un practicante de mindfulness podrá permitir las sensaciones dolorosas surgiendo y cesando momento a momento, de la misma manera que se ven pasar las nubes por el cielo. Sin duda, cuando alguien se relaciona con las sensaciones de dolor de esta manera, es libre de la reactividad y reduce el sufrimiento adicional.

Además de las habilidades de agilidad mental y emocional de la atención plena, también se puede aprender a prestar atención a los aspectos agradables de la conciencia, en lugar de estar exclusivamente obsesionados con lo desagradable. Usando el principio de «Nos convertimos en lo que pensamos», poner atención en las sensaciones placenteras con apertura y sin aferrarse a ellas, como cuando escuchamos música o estamos en la naturaleza, da lugar a estados mentales y emocionales de apertura, expansión y concentración, que a su vez nos llevan a la libertad. El neuropsicólogo canadiense Donald Hebb describió esto como «Las neuronas que se disparan juntas se conectan juntas» (Hebb, 1949). Por ejemplo, al elegir poner la atención sobre las sensaciones que contienen los primeros destellos de emoción positiva, creamos rutas neurológicas por las que estos estados expansivos se convierten en la norma, en lugar de los habituales estados reactivos previos. Al aprender a hacer esto una y otra vez, la persona se vuelve cada vez más hábil para elegir respuestas positivas en lugar de reactivas. Por ello, la transformación es posible. Kabat-Zinn acuñó la frase «Aprender a responder, en vez de reaccionar» (Kabat-Zinn, 2004, pág. 264), que es una descripción útil y sencilla de este enfoque.

En el *Dvedhavitakka Sutta*, el Buda habla sobre dos clases de pensamiento, diciendo: «En aquello en lo que pensamos o reflexionamos repetidamente, en eso se convierte la inclinación de la mente». Lo que esto señala es que centrarse repetidamente en la experiencia establece caminos o circuitos que pueden ser beneficiosos o destructivos, y si aprendemos a centrarnos en las semillas de la positividad, estas se convertirán en la inclinación natural de una mente entrenada.

Además de las descripciones detalladas en cuanto a cómo se desarrolla el proceso perceptivo, el *Satipatthana Sutta* también tiene algunos versos importantes que describen actitudes fundamentales para el cultivo de la atención (conocidos como los versos de definición). Pueden verse como una llamada a la acción al inicio del texto para fomentar la motivación y el compromiso. Las actitudes identificadas como importantes son:

- Esfuerzo apropiado o diligencia (*atapi*).
- Inteligencia y claridad con respecto a lo que es entrar en la conciencia a través de los sentidos, es decir, distinguir claramente la experiencia (*sampajanna*).
- Saber lo que está sucediendo ahora mismo, a cada momento, es decir, estar consciente (*sati*).
- Dejar de estar esclavizado a lo que nos gusta y disgusta o, más literalmente, estar libre de deseos y descontento en relación con el mundo (*vineyya abhijjhadomanassa*).

En el *sutta* también hay un estribillo que se hace eco entre cada sección del texto como el golpe de un tambor o como un coro. Esto proporciona intensidad dramática y señala formas de utilizar la contemplación de los diferentes aspectos de la experiencia para ganar comprensión y liberación. Estas son:

- Reflexionar sobre cómo el cuerpo, los *vedana*, el estado de ánimo y los eventos mentales están presentes en uno mismo y en otras personas.
- Observar la naturaleza impermanente e insustancial del pasar de la experiencia.
- Cultivar la atención plena para obtener la libertad, es decir, dejar de estar atrapados en la experiencia.
- Utilizar la atención plena para obtener la liberación de cualquier tipo de apego.

Un importante estudioso del *Satipatthana Sutta*, Analayo, resume todo el texto con estas palabras: «Continúa notando los cambios con calma» (Analayo, 2019). Aquí, el término *continúa* refleja la diligencia a la hora de explorar las dimensiones interna y externa de la práctica.

La necesidad de permanecer libre de los deseos y de la insatisfacción y la capacidad de existir con independencia sin aferrarnos a nada aparece resumida en la palabra *calma*. Atención con el fin de vivir continuamente con conciencia proporciona la base para «notar» o «saber» con claridad, que, como una cualidad general relevante para todas las prácticas *satipaṭṭhāna*, tiene como tarea principal el reconocimiento de que todo lo que se experimenta es una manifestación de «cambio». De esta manera, el «Continúa notando los cambios con calma» puede constituir un principio rector simple para la práctica *satipaṭṭhāna*, y el objetivo de esa práctica sería: «No aferrarse nunca a nada» (Analayo, 2019).

Con compromiso y profundidad, este enfoque tiene el potencial de liberar de todo sufrimiento reactivo a quien vive con dolor.

El *Sona Sutta*

En este texto, el Buda se encuentra con un hombre llamado Sona que practica meditación caminando. El Buda observa cómo Sona parece estar luchando por esforzarse demasiado. Le pide a Sona que se acuerde de cuando tocaba el laúd y que reflexione sobre cómo el instrumento musical solo es capaz de producir un sonido agradable cuando las cuerdas no están ni demasiado flojas ni demasiado tensas. Por eso, anima a Sona diciendo: «De la misma manera, Sona, la persistencia demasiado voluntariosa conduce a la ansiedad; la persistencia demasiado floja conduce a la pereza. Por lo tanto, debes determinar el tono correcto para tu perseverancia». Y anima a Sona a cultivar el esfuerzo equilibrado en relación con todas las actividades.

El esfuerzo equilibrado (o *pacing*, como se le llama en las clínicas del dolor en el Reino Unido) es un tema clave que se desarrolla en todo el programa MBPM para ayudar a los participantes a gestionar las actividades diarias sin caer en un ciclo de «explosión» (hiperactividad) o una «contracción» (hipoactividad) (*boom and bust cycle*, Burch, 2014).

La amabilidad o bondad amorosa, la compasión y las *Brahma Viharas*

Además de estos textos centrales sobre la atención plena, el programa de RespiraVida BreathWorks MBPM se apoya en las enseñanzas de la amabilidad y la compasión provenientes de la tradición budista. Esto concuerda con el camino budista en su conjunto, en donde se pone igual de énfasis en las meditaciones que cultivan emociones positivas y las que cultivan la conciencia.

La emoción positiva es la precursora de la compasión y la conciencia de la sabiduría, y la compasión y la sabiduría son vistas tradicionalmente como las dos alas de la iluminación, proporcionando un enfoque equilibrado e integrado para liberar el corazón y la mente de la ignorancia, el deseo y el odio, considerados los tres venenos raíz en la psicología budista.

En el budismo, al grupo de cuatro meditaciones que cultivan la emoción positiva se le conoce como *Brahma Viharas*, o moradas divinas, o cualidades sublimes e inconmesurables. La primera *Brahma Vihara* (morada divina) es la calidad fundamental de *metta*, traducida comúnmente como amor incondicional, amabilidad o bondad amorosa. Se trata de una actitud emocional de calidez, amor y bondadosa preocupación por uno mismo y por los demás. Las otras moradas divinas son las cualidades emocionales que ocurren cuando *metta* encuentra determinados aspectos de la experiencia:

- *Karuna* (compasión) se presenta cuando *metta* entra en contacto con el sufrimiento, ya sea de uno mismo o de los demás.
- *Mudita* (alegría empática) surge cuando *metta* contacta con el bienestar de alguien más. Es un sentimiento de buena voluntad y de alegría en contraposición a lo contrario de *mudita*, que es la envidia o los celos.
- *Upekkha* (ecuanimidad) es el pináculo de las moradas divinas y expresa la capacidad de mantener una calidad uniforme y estable de la mente en todas las circunstancias. Es una inquebrantable libertad de la mente/corazón y un estado de equilibrio interno que no es perturbado por los inevitables altibajos de la vida.

Los estudios demuestran que aquellas personas con bajo nivel de atención, y a las que les resulta difícil tratarse con compasión y amabilidad, sufren dolor de mayor intensidad (Costa y Pinto-Gouveia, 2011). Su salud general física y mental tiende a ser más débil también.

Una investigación llevada a cabo en la Duke University Medical Center, en Estados Unidos, encontró que solo cultivando «la amabilidad o bondad amorosa», a través de la meditación se podría reducir considerablemente el dolor (Carson *et al.*, 2005).

En otro estudio llevado a cabo en la Universidad de Emory (Estados Unidos) encontraron que se puede reducir la inflamación (algo particularmente importante para enfermedades como la artritis) y estimular el sistema inmunológico (Pace *et al.*, 2009; Halifax, 2011). Con simplemente tratarte con un poco más de amabilidad y compasión, se pueden también producir beneficios significativos. Ochenta y ocho individuos obesos con dolor persistente completaron un autoinforme de evaluación antes o después de su cita con el anestesiólogo. Los análisis de regresión lineal jerárquica demostraron que incluso después de controlar variables demográficas importantes, la autocompasión fue un indicador significativo en el afecto negativo, el afecto positivo, el catastrofizar el dolor y la incapacidad por dolor (Wren *et al.*, 2012).

El amor, la conciencia amable, puede ayudar a aliviar el dolor. Estas son las conclusiones de un reciente ensayo clínico a partir de marcadores biológicos en el que se observó un incremento significativo de oxitocina (llamada la hormona del amor) en las personas con dolor crónico que realizaron el curso MBPM de ocho semanas respecto del grupo de control (Aygün, 2024). Al mismo tiempo, se observó también una disminución significativa de las citocinas inflamatorias.

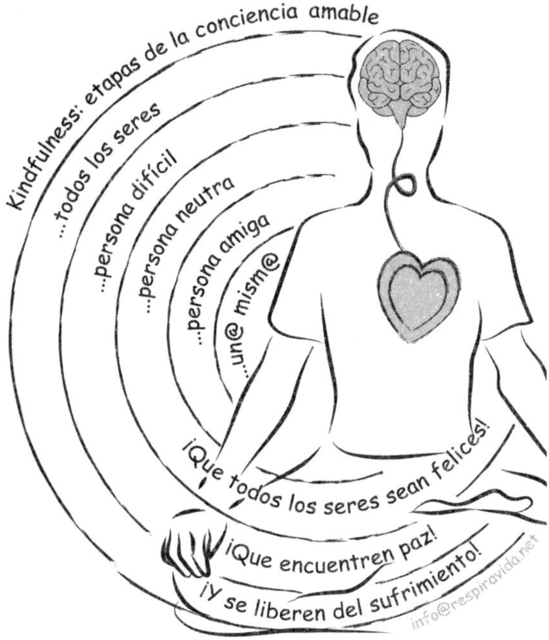

En la estructura tradicional de las meditaciones de las *Brahma Viharas* de la tradición budista, el practicante sigue varias etapas. Solo la primera etapa está dedicada hacia uno mismo y las otras se estructuran alrededor de cultivar amabilidad hacia otros y finalmente hacia toda la existencia sintiente. A partir de esta estructura, resulta obvio que la amabilidad hacia los demás es vista como algo muy importante en los enfoques tradicionales budistas para la meditación. Desde una mirada más profunda, es a través de este tipo de meditación que llegamos a ver la naturaleza interconectada y fluida de la experiencia. Los límites entre el yo y el otro comienzan a resquebrajarse, incluyendo la ilusión de una esencia fija e inmutable tanto en uno mismo como en los demás.

En el manejo del dolor, este cambio de perspectiva de estar dominado por el yo, para «tomar nuestro lugar en la humanidad», ofrece la posibilidad de un profundo cambio de perspectiva respecto al *significado* que uno otorga a la experiencia del dolor. Al luchar contra el dolor y ser dominado por la resistencia, el dolor puede percibirse como una causa de aislamiento de los demás. Uno puede sentirse solo en un mundo donde preferiríamos la experiencia de los demás sobre la nuestra. Sin embargo, en la práctica de la meditación de la amabilidad, existe un enfoque particular en el uso de la imaginación para empatizar con los demás e identificarnos con su experiencia. Desde esta perspectiva, es evidente que de una forma u otra todo el mundo sufre, al menos de vez en cuando, y a nadie le gusta esta experiencia de sufrimiento. La experiencia personal del dolor se convierte entonces en una oportunidad para la empatía con el sufrimiento de los demás. Al saber lo que es sentir el dolor, por inferencia sabes cómo es para los demás la experiencia del dolor, para de esta manera sentir simpatía con su experiencia. Es una perspectiva radicalmente diferente. En lugar de que el dolor te conduzca a sentimientos de aislamiento, te lleva a sentimientos de empatía y conexión. Esto reduce enormemente el sufrimiento secundario.

Una participante en un curso MBPM resume muy bien este cambio de perspectiva:

> Creo que lo más importante para mí al estar en el curso fue reconocer que mi dolor no me aislaba; de hecho, era mi dolor lo que me hacía humano [...] y fui capaz de aceptarlo [...] Todo el mundo experimentaba dolor en cierto grado y nivel [...] y vi que el dolor no era lo único que había en mi vida, y en vez de sentirme aislada y apartada pude usarlo como una forma de relacionarme con otras personas.

Tabla 5. Las meditaciones MBPM y los diferentes énfasis en la práctica semana a semana, *sutta satipatthana* y las *Brahma Viharas* en relación con los 6 pasos y el programa MBPM

<table>
<tr><th>Semana</th><th>1</th><th>2</th><th>3</th><th>4</th><th>5</th><th>6</th><th>7</th><th>8</th></tr>
<tr><td>Los 6 pasos</td><td colspan="3">Paso 1</td><td>Paso 2</td><td>Paso 3</td><td>Paso 4</td><td>Paso 5</td><td>Paso 6</td></tr>
<tr><td>Meditaciones MBPM</td><td>Escaneo del cuerpo</td><td>Ancla de la respiración</td><td>Movimientos conscientes</td><td>Aceptación compasiva</td><td>Tesoro del placer</td><td>Corazón abierto</td><td>Conexión</td><td></td></tr>
<tr><td rowspan="2">Enfoque versus amplitud</td><td colspan="8">← Enfoque / conciencia enfocada / samatha</td></tr>
<tr><td colspan="8">Amplitud / conciencia abierta / vipassana →</td></tr>
<tr><td rowspan="2">Uno mismo versus los demás</td><td colspan="8">← Uno mismo</td></tr>
<tr><td colspan="8">Los demás →</td></tr>
<tr><td rowspan="4">Sutta Satipatthana 4 esferas de la conciencia</td><td colspan="8">Conciencia somática (Kaya)</td></tr>
<tr><td colspan="3"></td><td colspan="5">Conciencia afectiva (Vedana)</td></tr>
<tr><td></td><td colspan="7">Conciencia cognitiva (Chitta)</td></tr>
<tr><td colspan="8">Conciencia fenomenológica (Dhamma)</td></tr>
<tr><td rowspan="4">4 Brahma Viharas o 4 emociones positivas</td><td colspan="8">Metta: amabilidad</td></tr>
<tr><td colspan="3"></td><td colspan="5">Karuna: compasión</td></tr>
<tr><td colspan="4"></td><td colspan="4">Mudita: alegría empática</td></tr>
<tr><td colspan="5"></td><td colspan="3">Upekksa: ecuanimidad</td></tr>
</table>

Nota: Las relaciones establecidas en esta tabla tienen un fin didáctico orientativo y no pretenden ser una correspondencia exacta.

Implicaciones éticas del programa MBPM

Intentar meditar sin practicar la ética es como intentar llevar un bote al centro de un lago sin soltar las amarras del puerto.

SANGHARÁKSHITA

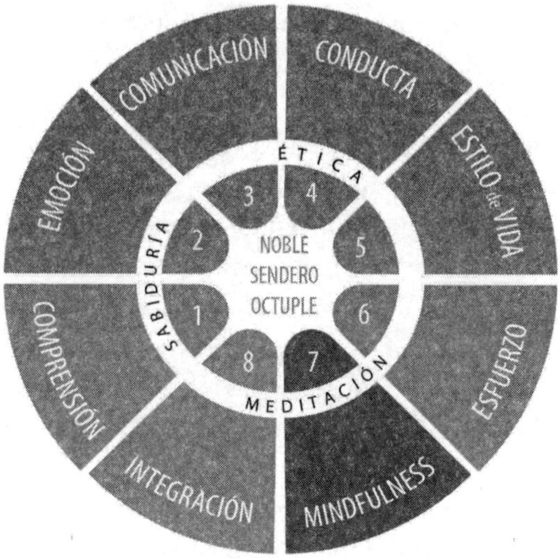

RespiraVida BreathWorks hace particular énfasis en crear un contexto más amplio y completo para el cultivo de mindfulness. Teniendo en cuenta que el mindfulness o la atención consciente correcta (*samma sati* en pali) es una de las ocho ramas del Noble Sendero Óctuple, que incluye la ética, el comportamiento, la comunicación, la comprensión, la gestión de los estados mentales y emocionales, el estilo de vida, entre otras ramas. El aspecto emocional, particularmente de la compasión, es parte de la motivación del programa MBPM. El Noble Sendero Óctuple (también conocido como Triple Sendero: ética, meditación y sabiduría) es en sí un camino amplio y progresivo de entrenamiento y de transformación, que a su vez emerge de la enseñanza de las Cuatro Noble Verdades, siendo esta última enseñanza, la que históricamente se asume como el primer discurso atribuido al Buda (Sangharákshita, 2017).

Las Cuatro Nobles Verdades, la enseñanza tal vez más conocida, expresan la visión del Buda con respecto al sufrimiento y cómo liberarnos de él. «Sufrimiento» aquí es una traducción de *dukkha* que literalmente significa «una rueda de carro que no encaja bien o que chirría». Apunta a la sensación de que la vida nunca es del todo buena cuando buscamos la felicidad basándonos solo en cosas y experiencias materiales y condicionadas.

Las cosas que nos gustan inevitablemente se desvanecen y tratar de evitar el dolor es imposible y nunca encontraremos la libertad si buscamos la felicidad duradera dentro de lo mundano. Todo el camino budista proporciona una manera de superar esta estrecha forma de ser y abre la posibilidad de una felicidad y libertad duraderas basadas en un profundo cambio en la percepción y un sentido de liberación mental y emocional.

La enseñanza de la Cuatro Nobles Verdades es un modelo ingenioso y progresivo que describe este proceso de moverse hacia la libertad. La primera noble verdad consiste en reconocer el sufrimiento (*dhukkha*), la segunda en ver las causas del sufrimiento (la avidez y la aversión), (*niroda*), la tercera es darnos cuenta de que es posible el cese del sufrimiento (*nibbana*), y la cuarta (*marga*) nos ofrece un camino que conduce a la liberación del sufrimiento, que es el Noble Sendero Óctuple.

En esta y otras enseñanzas se compara al Buda con un doctor y sus enseñanzas con una medicina. La primera noble verdad es el diagnóstico, la segunda consiste en investigar la causa (etiología), la tercera en establecer un pronóstico y, finalmente, en la cuarta se propone un tratamiento. Esta presentación resalta la orientación pragmática y empírica de las Cuatro Nobles Verdades como una forma práctica de investigar la experiencia.

Dado el enfoque particular del programa MBPM en la gestión del dolor y la distinción que invita a hacer a los participantes del curso entre sufrimiento primario y secundario, las vivencias y la comprensión de los mismos son de enorme importancia para aquellos que están aprendiendo mindfulness y/o compasión. Obviamente, el lenguaje que se utiliza con los participantes durante la impartición del programa ha sido cuidadosamente adaptado para hacerlo adecuado a una intervención psicoeducativa laica, contemporánea y apoyada en la evidencia científica, pero los principios subyacentes se han desarrollado a lo largo de los 2.500 años de historia de la práctica y teoría contemplativa de la tradición budista.

Volviendo a *metta,* al amor universal, a la conciencia amable o bondad amorosa, podemos decir que no se trata de una mera emoción, como dice el neuropsicólogo Paul Gilbert (Gilbert, 2009), es una motivación que orienta nuestra conducta, y el maestro Sangharákshita define *metta* como «una emoción éticamente hábil». Es decir que no se trata de vivir de acuerdo con lo que nos hace sentir bien o lo que nos gusta, sino en función de lo que es éticamente hábil, de aquellas acciones del cuerpo, habla y mente que nos liberan del sufrimiento.

Recordemos que en la ética budista no se trata de acatar normas o reglas impuestas por un ser divino, sino de transformar los estados mentales torpes de aversión, avidez e ignorancia, que nos mantienen atrapados en la mente reactiva y el sufrimiento, de desarrollar o cultivar estados mentales basados en la amabilidad, la generosidad y la sabiduría, que son las bases de una vida sabia y compasiva, y que nos ayudan a liberarnos del sufrimiento.

La ética se sugiere como un principio o guía de entrenamiento que orienta nuestras acciones, nuestra comunicación, nuestras relaciones intrapersonal e interpersonal, incluso en la manera que nos ganamos la vida.

En el libro *No se trata de ser bueno* (Subhadramati, 2024), su autora explica que la ética no es solamente una cuestión de abstenerse o de dejar de hacer daño, sino que enfatiza la importancia del cultivo de cualidades positivas como la amabilidad, la generosidad, la gratitud, el gozo y la atención consciente, dado que es difícil o imposible progresar exclusivamente en la negación. Un ejemplo de un principio ético es «Me comprometo a entrenarme en el principio ético de abstenerme de quitar la vida» y su equivalente positivo es «Con acciones de amor y bondad purifico mi cuerpo» (purificar aquí se refiere a ser libre de una motivación egoísta, además se menciona el cuerpo, pero puede aplicarse lo mismo al habla y la mente).

Por supuesto es posible practicar mindfulness y la conciencia amable sin ninguna referencia al comportamiento ético, sin embargo, haciendo esto se corre el riesgo de practicarlo de una forma ingenua, que puede resultar en consecuencias no deseadas o en un enfoque excesivamente centrado en uno mismo y en la negación del sentido de interconexión entre todos los seres.

Una comunidad de práctica

Es habitual que se enseñe la meditación como un camino de desarrollo individual soslayando su dimensión relacional, interpersonal, social, incluso trascendental. Sin embargo, una investigación resalta que el factor grupal y la presencia encarnada de las cualidades de mindfulness por parte del profesor (*embodyment*) suelen ser más importantes que el tipo o la cantidad de meditación practicada (McCown, R. *et al.*, 2017). Contar con un grupo o *sangha*, de personas afines comprometidas en este camino puede marcar una gran diferencia e impactar profundamente en la práctica, integración y efectos de la meditación.

El contexto grupal también puede ayudarnos a entender lo que estamos haciendo, a ser conscientes de nuestra motivación y a inspirarnos mutuamente. Esto es lo que nutre y mantiene la práctica viva. Además de practicar en un contexto grupal, y en la medida que deseamos profundizar, se hace imprescindible la mentorización o asesoramiento de un instructor, profesor o maestro acreditado, con una experiencia sedimentada y un conocimiento amplio de los retos y peligros potenciales que pueden emerger de la práctica de la meditación.

La Fundación Breathworks tiene una próspera comunidad *online* donde se cultiva explícitamente este sentido de *sangha* o compañerismo. Vemos esto como «el corazón palpitante» de RespiraVida BreathWorks, y es enormemente importante.

No hay fango, no hay loto

La palabra que más se utiliza en la psicología contemplativa budista para hablar de la meditación es *bhavana* una palabra que en pali significa cultivo o desarrollo. Por ejemplo, *Karuna bhavana* es el cultivo o el desarrollo de la compasión. Cuando ponemos en práctica el modelo de los 6 pasos, estamos cultivando en nuestra mente, corazón y cuerpo las cualidades que se describen en cada paso: la presencia, la aceptación, la compasión, la gratitud, la ecuanimidad, la sabiduría, etc.

La palabra *cultivar* recuerda el cuidado que ofrecemos a una planta para que crezca y florezca. A partir de este cuidado crecen pequeños brotes, pimpollos y finalmente pétalos que se abren gradualmente y ofrecen su delicada belleza al mundo. Siguiendo esta metáfora, los 6 pasos florecen en la forma de un loto de seis pétalos.

El loto es un símbolo de transformación, de crecimiento de nuestro potencial humano. Nuestro dolor, nuestro sufrimiento, nuestra dificultad es el fango desde donde crecen estos seis pétalos que se transforman en un bello loto. Este fango en el que hunde sus raíces el loto constituye los nutrientes que alimentan este proceso de transformación que nos lleva a liberarnos del sufrimiento, a la auténtica felicidad. Como dice la famosa frase budista, «No hay fango, no hay loto».

Poder aprender y transmitir la sabiduría que subyace en mindfulness y compasión es una experiencia transformadora. Una experiencia que podría simbolizarse con un loto, y a veces también podría parecer tan desafiante como construir un jardín en el desierto. En cualquier caso, cultivar esta sabiduría es tal vez uno de los mejores regalos que podemos hacer a nuestra propia persona y al mundo. Esta visión está bellamente expresada en el poema de Urgyen Sangharáshita:

Cuatro regalos

Vengo a vosotros con cuatro regalos.
El primer regalo es una flor de loto.
¿Entiendes?
Mi segundo regalo es una red de oro.
¿La puedes reconocer?
Mi tercer regalo es una danza en ronda de pastores.
¿Saben bailar tus pies?
Mi cuarto regalo es un jardín cultivado en un desierto.
¿Podrías trabajar ahí?
Vengo a vosotros con cuatro regalos.
¿Te atreves a aceptarlos?

SANGHARÁKSHITA, 1975

Capítulo 15
¿Te gustaría aprender a enseñar mindfulness y compasión para la gestión del dolor y el estrés?

En RespiraVida BreathWorks tenemos como visión promover y difundir el uso de mindfulness y compasión como herramientas para la transformación y florecimiento de nuestro potencial humano personal y social.

Llevamos veinte años formando profesores de mindfulness y compasión para poder enseñar los programas de Mindfulness y Compasión MBPM (Mindfulness Based Pain and Illness Management) que han surgido de los más treinta y cinco años de experiencia personal de Vidyamala Burch utilizando mindfulness para manejar el dolor y la discapacidad.

RespiraVida BreathWorks es una asociación sin fines de lucro cuya formación es reconocida internacionalmente, aprobada por la Asociación Británica de Mindfulness (BAMBA), y es cofundadora de la Red Española de Programas Estandarizados y está afiliada a la Federación Europea de Mindfulness (EAMBA). Además, nuestro itinerario formativo sigue las recomendaciones y los estándares internaciones de la Global Integrity Network.

El programa MBPM es recomendado por los profesionales del Servicio Nacional de Salud (NHS) del Reino Unido como parte de un enfoque holístico para el cuidado del paciente. El libro de Vidyamala Burch que acompaña el programa, *Tú no eres tu dolor* (conocido en inglés como *Mindfulness for Health*), ganó el premio de la British Medical Association en el año 2014.

Hoy en día, nuestros programas han llegado a más de cien mil personas y han permitido que más de setecientos profesores en todo el mundo enseñen las habilidades de mindfulness y compasión.

El itinerario de formación docente de RespiraVida BreathWorks

La formación de profesores que ofrece el programa MBPM, Mindfulness y Compasión para el Dolor, la Enfermedad y el Estrés, brinda las habilidades y la confianza para enseñar herramientas transformadoras a quienes las necesiten.

Este itinerario internacional de formación docente prepara en dos programas psicoeducativos estandarizados: Mindfulness y Compasión para la Salud MBPM (tal como fue explicado en el capítulo 12) y Kindfulness para el Estrés (tal como fue explicado en el capítulo 13), así como la capacidad de adaptar la enseñanza a diferentes entornos y contextos.

El enfoque pedagógico utilizado para el entrenamiento avanzado de los profesores MBPM (*teacher training*) es el modelo de competencias docentes MBPM: TAC, que a su vez se basa en el MBI: TAC (Mindfulness Based Intervention: Teaching Assesment Competencies; Crane *et al.*, 2012).

El itinerario ha sido diseñado para ser flexible y accesible. Nuestro plan de capacitación se compone de dos etapas con cinco módulos para desarrollar tu experiencia, habilidades docentes y confianza en la enseñanza. Los módulos se pueden realizar a tu propio ritmo, ya que gran parte de la formación es *online* (hasta el 90%).

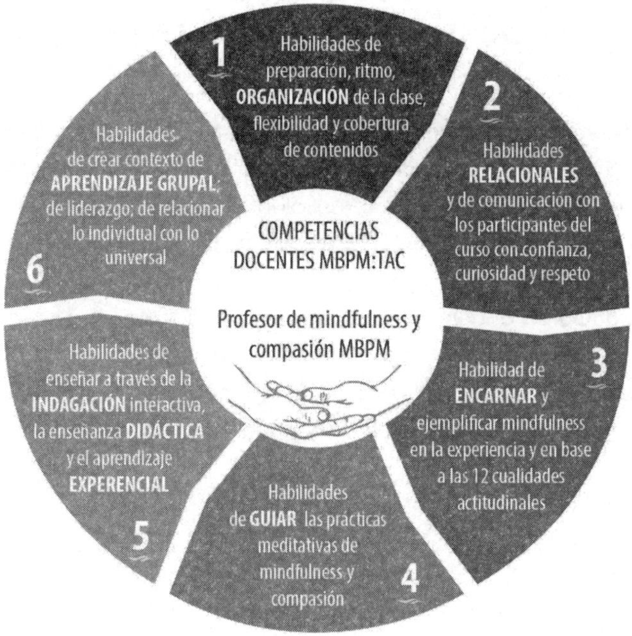

Nivel FUNDAMENTOS, que incluye los módulos:

- **Profundizar en mindfulness:** en este módulo se profundiza en la práctica con la guía de un mentor personal, sesiones grupales y estudio autónomo.
- **Facilitador de mindfulness:** en este módulo se aprende a dirigir prácticas breves de meditación y facilitar breves sesiones de mindfulness que se puedan utilizar de inmediato.
- **Habilidades de enseñanza:** en este módulo se perfeccionan las habilidades esenciales para enseñar mindfulness, incluida la indagación reflexiva, el apoyo a estudiantes y la práctica de enseñanza inclusiva.

Nivel AVANZADO para ser profesor MBPM, que incluye los módulos:

- **Módulo de capacitación docente MBPM:** este módulo es esencial para familiarizarse completamente con los programas de Mindfulness y Compasión para la Salud y Kindfulness para el Estrés y cómo enseñarlos. Incluye un curso específico de movimientos conscientes MBPM.
- **Módulo de docencia supervisada:** este módulo es el paso final del itinerario formativo, en el que se integra todo lo aprendido a la vez que se imparte uno de los dos cursos de ocho semanas. Esto incluye la orientación de un supervisor con comentarios personalizados para brindar el apoyo y la dirección necesarios a lo largo de este curso de práctica.

Una vez finalizada la formación, los alumnos reciben una doble acreditación internacional de RespiraVida (España) y de Breathworks (Reino Unido).

Los profesores acreditados de RespiraVida BreathWorks imparten sus propias clases, cursos y enseñan mindfulness y compasión en lugares de trabajo, escuelas, entornos sanitarios, centros comunitarios y otros lugares como salas de yoga, etc.

Profesor de Kindful & MindfulEating RespiraVida BreathWorks

- Este plan de capacitación se compone de tres etapas o módulos para desarrollar tu experiencia, habilidades y confianza en la enseñanza.

- Los módulos se pueden realizar a tu propio ritmo, ya que son todos *online*.
- Para acceder a la formación, es necesario haber realizado el curso de ocho semanas Kindful & MindfulEating (Alimentación Bondadosa Consciente).

Itinerario profesor Kindful & MindfulEating

- ✧ **Módulo de fundamentos:** en este módulo se hace especial énfasis en sentar las bases teóricas y prácticas del programa y de la capacitación en el mismo.
- ✧ **Módulo de formación curricular:** en este módulo se incluye formación didáctica, meditación experiencial, ejercicios de alimentación, diálogo grupal, prácticas de cómo guiar meditaciones e indagación, investigación actual y tiempo para la reflexión personal.
- ✧ **Módulo docencia supervisada:** este módulo es el paso final del itinerario formativo, en el que se integra todo lo aprendido a la vez que se imparte uno de los dos cursos de ocho semanas de Kindful & MindfulEating. Este incluye la orientación de un supervisor con comentarios personalizados durante el curso de práctica para brindar apoyo y dirección.

En cualquiera de nuestros itinerarios formativos se requiere la realización de un retiro de meditación y silencio de al menos cinco días.

Referencias bibliográficas

Agostinis, A., Bond, J., Morris, J., Rosser, B., Barrow, M., Taylor, Ch. (2022). «Full mindfulness-teacher training pathway and courses on pain management programmes: why it may all be worth it», *Pain News* 2022, Vol. 20 (2), págs. 39-48. The British Pain Society, London UK. https://www.researchgate.net/publication/362231409

Alonso Llacer, L., Ramos-Campos, M. (2019). «Mindfulness y cáncer: aplicación del programa MBPM de RespiraVida Breath-Works en pacientes oncológicos», *RIECS: Revista de Investigación y Educación en Ciencias de la Salud de la Universidad de Alcalá*. Vol. 3, Núm. 2. https://www.riecs.es/index.php/riecs/article/view/101

Analayo (2019). *Satipatthana: los orígenes de mindfulness*. Barcelona, Editorial Siglantana.

Analayo (2019). *Meditación Satipatthana: Una guía práctica*. Bilbao, Desclée De Brouwer.

Aygün, O., Mohr, E., Duff, C., Matthew, S., Schoenberg, P. «Oxytocin Modulation in Mindfulness-Based Pain Management for Chronic Pain», *Life*. 2024; 14(2), pág. 253.

BAMBA (British Association for Mindfulness Based Approaches). https://bamba.org.uk/

Black, D.S., *et al.* (2012). «Trait mindfulness helps shield decision-making from translating into health-risk behavior», *The Journal of Adolescent Health*, publicación oficial de la Society for Adolescent Medicine, 51(6), págs. 588-592. https://doi.org/10.1016/j.jadohealth.2012.03.011

Black, D. S., Slavich G. M. (2016). «Mindfulness meditation and the immune system: a systematic review of randomized controlled trials», *The New York Academy of Sciences*. https://doi.org/10.1111/nyas.12998

Breathworks (2017). *Mindfulness for Health course evaluation*. Manchester, Reino Unido. Visto 26 marzo 2024, https://www.breathworks-mindfulness.org.uk/Handlers/Download.ashx?IDMF=92970f54-83bf-4ed2-9822-e85c644af103

Brown, K.W., Ryan, R.M. (2003). «The benefits of being present: mindfulness and its role in psychological well-being», *Journal of Personality and Social Psychology*, 84(4), págs. 822-848. https://doi.org/10.1037/0022-3514.84.4.822

Brown, C. A., Jones, A. K. (2013) *Psychobiological correlates of improved mental health in patients with musculoskeletal pain after a mindfulness-based pain management program.* Clinical Pain, 29, 233-44. doi: 10.1097/AJP.0b013e31824c5d9f.

Burch, V. (2000). «Being Here», *Dharma Life Magazine*, número 14. Disponible una traducción al castellano en: https://www.respiravida.net/articulo/estar-presente-being-here

Burch, V. (2011). *Mindful Movement, the breathworks way*, BreathWorks, Manchester.

Burch, V. (2014) *Vivir bien con el dolor y la enfermedad: Mindfulness para liberarnos del* sufrimiento. Barcelona, Editorial Kairós.

Burch, V., Penman, D. (2016). *Tú no eres tú dolor: mindfulness para aliviar el dolor, reducir el estrés y recuperar el bienestar*. Barcelona, Editorial Kairós.

Carson, J.W., *et al.* (2005). «Meditación de amor universal para el dolor lumbar crónico: resultados de un ensayo piloto», *Journal of Holistic Nursing*, 23, págs. 287-304.

Chambers, R., Gullone, E., Allen, N. (2009). «Mindful emotion regulation: An integrative review», *Clinical Psychology Review*, 29. Elsevier, Ámsterdam, Países Bajos.

Costa, J., Pinto-Gouveia, J. (2011). «Aceptación del dolor, autocompasión y psicopatología: Utilizando el cuestionario de aceptación del dolor crónico para identificar subgrupos de pacientes», *Clinical Psychology and Psychotherapy*, 18, págs. 292-302.

Cusens, B., Duggan, G.B., Thorne, K., Burch, V. (2010). «Evaluation of the breathworks mindfulness-based pain management programme: Efects on well-being and multiple measures of mindfulness», *Clinical Psychology and Psychotherapy*, 17, págs. 63-78. https:// doi.org/10.1002/cpp.653

Dharmakirti Zuázquita, Ratnaguna Hennesey (2020). *Kindfulness: atención consciente y amable para el estrés*. Barcelona, Siglantana Editorial.

Doran, N.J. (2014). *Experiencing wellness within illness: Exploring a mindfulness-based approach to chronic back pain. Qualitative Health Research*, 24(6), págs. 749-760. https://doi.org/10.1177/1049 732314529662

EAMBA (Federación Europea de Mindfulness). https://www.eamba.net/

Egolf, B., Lasker, J., Wolf, S., Potvin, L. (1992). «The Roseto effect: A 50-year comparison of mortality rates», *American Journal of Public Health*, 82(8), págs. 1089-1092.

Eisenberger, N.I. (2012). «The neural bases of social pain: Evidence for shared representations with physical pain», *Psychosomatic Medicine*, 74(2), págs. 126-135. https://doi.org/10.1097/PSY.0b013e3182464dd1

Farhi, D. (2008) *El gran libro de la respiración*. Editorial Robin Book.

Fernández Sabau, M (2022). «Autogestión del dolor a través de mindfulness», TFM, Máster en Intervenciones Profesionales de Mindfulness. Ciencias de la Salud, Universidad Alcalá de Henares.

Fincham, G.W., Strauss, C., Montero-Marín, J. *et al.* (2003). «Effect of breathwork on stress and mental health: A meta-analysis of randomised-controlled trials», *Sci Rep*, 13, pág. 432. https://doi.org/10. 1038/s41598-022-27247

García, C., Rodríguez Vega, B., *et al.* (2019). *Las actitudes de mindfulness*. Editorial Alfaomega, Madrid.

García Campayo, J, Rodero, B, Alda, M, Sobradiel, N, Montero, J, Moreno, S. (2008). «Validación de la versión española de la escala de catastrofización ante el dolor (*Pain Catastrophizing Scale*) en la fibromialgia», *Med Clin (Barc)*, 131, págs. 487-92.

Gilbert, P. (2009). *The Compassionate Mind: A new approach to life's challenges*. New Harbinger Publications, Inc. Oakland, CA, USA.

Gilbert, P. (2015). «An Evolutionary Approach to Emotion in Mental Health with a Focus on Affiliative Emotions», *Emotion Review*, 7(3), 230-237.

Gilbert, P., Simos, G. (Orgs.) (2022). *Compassion Focused Therapy: Clinical Practice and Applications* (1.ª ed.). Routledge.

Hafenbrack, A.C., Kinias, Z., Barsade, S.G. (2014). «Debiasing the mind through meditation: mindfulness and the sunk-cost bias», *Psychological Science*, 25(2), págs. 369-376. https://doi.org/10. 1177/0956797613503853

Halifax, J. (2011). «La preciosa necesidad de la compasión», *Journal of Pain and Symptom Management*, 41(1), págs. 146-153.

Hanson, R. (2009). *El cerebro del Buda*. Editorial Milrazones, Santander.

Hanson, Rick (2013). *Cultiva la felicidad*. Málaga, Editorial Sirio.

Hebb, D.O. (1949). *The organization of behavior: A neuropsychological theory*. Nueva York, John Wiley & Sons.

Hölzel, BK, *et al.* (2011). «How Does Mindfulness Meditation Work? Proposing Mechanisms of Action from a Conceptual and Neural Perspective», *Perspect Psychol Sci*. 2011 Nov; 6(6), págs. 537-559. doi: 10.1177/1745691611419671. PMID: 26168376

Kabat-Zinn, J. (2003). *Vivir con plenitud las crisis*. Barcelona, Editorial Kairós.

Long, J., Briggs, M., Long A., Astin, F. (2016). «Starting where I am: a grounded theory exploration of mindfulness as a facilitator of transition in living with a long-term condition», *Journal of Advanced Nursing* 72(10), págs. 2.445-2.456.doi: 10.1111/jan.12998. Epub 2016 May 12.

McCown, R. *et al.* (2017) «Resources for Teaching Mindfulness». *Springer International Publishing*, Suiza.

Neff, K. (2012). *Sé amable contigo mismo: el arte de la compasión hacia uno mismo*. Oniro, Barcelona.

Pace, W.W.T., *et al.* (2009). «Efecto de la meditación de la compasión en las respuestas neuroendocrinas, innatas inmunes y de comportamiento al estrés psicosocial», *Psychoneuro Endocrinology*, 34, págs. 87-98.

Parsons, C.E., *et al.* (2020). «The impact of mindfulness training on performance in a group decision-making task: Evidence from an experimental study», *Quarterly Journal of Experimental Psychology* (2006), *73*(12), págs. 2.236-2.245. https://doi.org/10.1177/1747021 820958190

Pérez-Fernández, J.I., Salaberria, K, Ocenda, A.R. de (2022). «Mindfulness-Based Pain Management (MBPM) for Chronic Pain: A Randomized Clinical Trial», *Mindfulness*, 13(1), págs. 3.153-3.165. https://doi.org/10.1007/s12671-022-02023-1

Perry, B.D. (2002). «Childhood Experience and the Expression of Genetic Potential: What Childhood Neglect Tells Us About Nature and Nurture», *Brain and Mind*, 3(1), págs. 79-100. https://doi.org/10.1023/A:1016557824657

Pizutti, L.T., Carissimi, A. Valdivia, L.J., *et al.* (2019). «Evaluation of Breathworks' Mindfulness for Stress 8_week course: Effects on depressive symptoms, psychiatric symptoms, affects, self_compassion, and mindfulness facets in Brazilian health professionals», *Journal of Clinical Psychology*, págs. 1-15. doi: 10.1002/ jclp.22749

Purser, R, Loy, D. Beyond McMindfulness. Hufington Post, July 1st 2013. Descargado en https://www.huffpost.com/entry/beyond-mcmindfulness_b_3519289 en español https://www.barakaintegral.org/articulo-mc-mindfulness/

Red Española de Programas Estandarizados de Mindfulness y Compasión, http://www.redprogramasmindfulness.org/

RespiraVida BreathWorks (2015a). *Notas del profesor del programa Kindfulness para el Estrés MBPM de RespiraVida BreathWorks*. Inédito.

RespiraVida BreathWorks (2015b). *Cuaderno de prácticas del programa Kindfulness para el Estrés MBPM de RespiraVida BreathWorks*. Inédito.

RespiraVida BreathWorks (2015c). *Manual del estudiante de profesor MBPM*. Inédito.

RespiraVida BreathWorks (2017). *Criterios de evaluación de profesores adaptados a las competencias docentes del programa MBPM, MBPM:TAC*: https://www.respiravida.net/criterio-de-desarrollo-y-evaluacion-de-competencias-docentes-mbpmtac

Rodríguez Vega, B. (2019). *Esto de ser humano*. Bilbao. Desclée De Brouwer.

Royal College of General Practitioners (2013). *Servicios de gestión del dolor: planificación para el futuro.*

Sangharákshita, U. (2022). *Los diez pilares del budismo. Principios de la ética budista*. Valencia, Editorial Dharmamegha.

Sangharákshita, U. (2023a). *Vivir éticamente. Consejos de la Guirnalda preciosa de Nagárjuna*. Valencia, Editorial Dharmamegha.

Sangharákshita, U. (2023b). *¿Qué es el Dharma?* Valencia, Editorial Dharmamegha.

Schmitzer-Torbert, N.(2020a). «Mindfulness and decision making: sunk costs or escalation of commitment?», *Cogn Process*. 21(3), págs. 391-402. doi: 10.1007/s10339-020-00978-4. Epub 2020 May 21. PMID: 32440716

Subhadramati (2024). *No se trata de ser bueno*. Valencia, Editorial Siglantana.

Treleaven, David A. (2019). *Mindfulness sensible al trauma*. Bilbao, Desclée De Brouwer.

Waldinger, R., Schulz, M. (2023). *The Good Life: Lessons from the World's. Longest Scientific Study of Happiness*. Simon & Schuster.

West, M.A. (2016). «7 Meditation and the management of pain by Vidyamala Burch.» *The Psychology of Meditation: Research and Practice*. Michael A. West (ed.) Oxford University Press, Oxford, UK.

Wren, A., Somers, T., Wright, M. *et al.* (2012). «Autocompasión en pacientes con dolor musculoesquelético persistente: relación de la autocompasión con la adaptación al dolor persistente», *Journal of Pain and Symptom Management*, 43(4), págs. 759-770.

Zeidan, F. (2009). «Brief Training in Meditation May Help Manage Pain, Study Shows», *ScienceDaily*. Retrieved: 20 de febrero de 2024 de: www.sciencedaily.com/releases/2009/11/091110065909.htm

Zeidan, F., Martucci, K.T., Kraft, R.A. *et al.* (2011). «Mecanismos del cerebro que apoyan la modulación del dolor por medio de la meditación de la atención plena», *Journal of Neuroscience,* 31, págs. 5.540-5.548.

Zeidan, R., Grant, J.A., Brown, C.A. *et al.* (2012). «Alivio del dolor relacionado con la meditación de la atención plena: evidencia de mecanismos único del cerebro en la regulación del dolor», *Neuroscience Letters*, 520(2), págs. 165-173. doi:10.1016/j.neulet. 2012. 03.082

Zuázquita Serra, J.S. Dharmakirti (2019). *Revisión narrativa de las publicaciones de investigación de la literatura científica relacionadas con el programa Mindfulness y Compasión para la Salud MBPM de RespiraVida BreathWorks.*

Recursos para practicar mindfulness y compasión

Estos son algunos libros relacionados con el tema que tal vez te interese consultar:

- Sangharákshita. *Amor incondicional: Diálogo del Buda sobre el Karaniya Metta Sutta*. Valencia, Editorial Siglantana, 2019.
- Vidyamala Burch y D. Penman. *Tú no eres tu dolor: Mindfulness para aliviar el dolor, reducir el estrés y recuperar tu bienestar*. Barcelona, Editorial Kairós, 2016.
- *Vivir bien con el dolor y la enfermedad: Mindfuless para liberarnos del sufrimiento*. Barcelona, Editorial Kairós, 2014.
- Dharmakirti Zuázquita y Ratnaguna Hennesey. *Kindfulness: Atención Consciente y Amable para el Estrés*. Valencia, Editorial Siglantana, 2020.
- Analayo. *Satipatthana. Los orígenes del mindfulness*. Valencia, Editorial Siglantana, 2018.
- Sangharákshita Urgye. *Mindfulness: Vivir con conciencia*. Valencia. Editorial Siglantana, 2017.

RespiraVida BreathWorks en el ámbito iberoamericano

www.respiravida.net: Asociación RespiraVida BreathWorks España
www.respiravida-breathworks.com.br: Asociación RespiraVida BreathWorks Brasil
www.respiravida.mx: Asociación RespiraVida BreathWorks México

Reino Unido

www.breathworks.co.org: Fundación Breathworks

Bélgica

www.breathworks.be: Breathworks en Bélgica en holandés

Retiros

La asistencia a un retiro presencial es una forma muy adecuada de integrar y consolidar el aprendizaje y la práctica en condiciones de apoyo con personas con muchos años de experiencia y conocimiento en el tema. Son muchos los centros de retiro distribuidos en diferentes países que ofrecen un amplio abanico de posibilidades.

Los lectores interesados encontrarán más información en las siguientes páginas de la Comunidad Budista Triratna Internacional:

En España

www.budismo-triratna.es: Comunidad Budista Triratna Iberia
www.suryavana.es: Centro de Retiros Triratna en Jérica, Valencia
www.budismo-valencia.com: Comunidad Budista Triratna Valencia
www.budismo-barcelona.com: Comunidad Budista Triratna Barcelona

www.thebuddhistcentre.com/madrid: Comunidad Budista Triratna Madrid
www.ecodharma.com: Centro de Retiros en los Pirineos Catalanes
www.guhyaloka.com: Centro de Retiros en Sierra de Aitana (Alicante)
www.akashavana.org: Centro de Retiros en la región de Aragón
www.budismo-triratna.es: Grupo Triratna Vallderrobres (Teruel)
www.budismo-triratna.es: Grupo Triratna Finestrat (Alicante)
www.budismo-triratna.es: Grupo Triratna Madrid
www.bodhiyoga.es: Bodhiyoga – Formación de yoga basado en el mindfulness

En México

www.budismo.com: Comunidad Budista Triratna Ciudad de México
www.budismotoluca.com: Comunidad Budista Triratana, Toluca
www.budismocuernavaca.org: Comunidad Budista Triratna Cuernavaca
www.budismosatelite.org: Centro Budista Satélite (México)
Comunidad Budista Triratna Puebla (México)
www.budismostierraadentro.org Comunidad Budista Trirana Tierra Adentro
www.respiravida.mx: RespiraVida BreathWorks en México
www.chintamani.mx Centro de Retiros Chintamani

En Venezuela

www.meditacion-merida.com: Comunidad Budista Triratna en Mérida

En Brasil

www.budismosaopaulo.com.br: Comunidade Budista Triratna Brasil

Otros recursos *online* en castellano

www.centrobudista.online: Cursos sobre budismo *online* vivo
www.librosdebudismo.com: Editorial Dharmamegha, libros budistas
www.freebuddhistaudio.com: Audios budistas gratis: conferencias
www.respiravida.net/recursos/audios: Meditaciones para escuchar y descargar *online* gratis

Información sobre los autores de este libro

Dharmakirti Zuázquita es profesor certificado por el Instituto Breathworks, Inglaterra, como Certified MBPM Breathworks Senior Teacher Trainer, responsable de la formación de profesores de Mindfulness y Compasión MBPM en Iberoamérica y cofundador y actual director de la Asociación RespiraVida BreathWorks.

Máster en Mindfulness por la Universidad de Zaragoza, *coach* ontológico y licenciado egresado de la Facultad de Ciencias Exactas, Físicas y Naturales de la Universidad de Córdoba, Argentina.

Desde el año 2013, es profesor asociado del Instituto Portugués de Psicología. Dharmakirti es profesor del Máster de Mindfulness de la Universidad de Alcalá y del Colegio de Psicólogos de Madrid.

Coautor de los libros *Kindfulness*, *Aportes del mindfulness a la psicoterapia* y *Esas cosas que llamamos compasión*. Es cofundador de la Red Española de Programas Estandarizados de Mindfulness y/o Compasión y de la Asociación Meditación y Ciencia. Es maestro de la Comunidad Budista Triratna.

Vidyamala Burch cofundó Breathworks en 2004 y ahora es reconocida como líder internacional en la gestión del dolor basado en mindfulness. Ha escrito tres libros, incluido el éxito de ventas *Tú no eres tu dolor* publicado por la Editorial Kairós, traducido a más de quince idiomas, que en 2014 recibió el primer Premio de la Asociación Médica Británica.

En 2018, Vidyamala recibió el título de miembro honorario de la Asociación Británica del Dolor por su extraordinaria contribución al campo del manejo del dolor basado en mindfulness (MBPM).

Vidyamala ha recibido una condecoración honorífica por parte de la reina Isabel, es profesora, oradora, entrenadora y autora galardonada de mindfulness y compasión.

Su enfoque de manejo del dolor y las enfermedades basado en mindfulness (MBPM, por sus siglas en inglés) y fundamentado en evidencias ha llegado a más de cien mil personas en todo el mundo.

Luiza Hiromi Tanaka

Profesora desde 2016 y formadora desde 2018 del programa Mindfulness y Compasión MBPM de RespiraVida BreathWorks (Reino Unido y España), actualmente profesora sénior y vicepresidenta de la Asociación RespiraVida BreathWorks Brasil. Descubrió el programa MBPM de Breathworks en Brasil en 2013 a través de Stephen Little y Cristina Atanes, y al año siguiente realizó su formación en el Reino Unido con Vidyamala Burch y Dharmakirti Zuázquita.

En el año 2018, junto con Leandro Pizzuti, comenzó a impartir la formación de profesores RespiraVida en Brasil con la dirección de Dharmakirti y Silamani. En esta ocasión fue invitada a formarse como formadora (*teacher trainer*) de profesores, para que a su vez puedan ayudar a las personas a aliviar el sufrimiento y ser más felices. Es enfermera con doctorado y postdoctorado y ha trabajado en el ámbito hospitalario en las áreas de asistencia directa, gerencial y educativa, atendiendo al dolor físico, emocional y mental de los pacientes, así como el estrés de los trabajadores de la salud y estudiantes de pregrado.

Tuvo la oportunidad de estar con su santidad el Dalái Lama en 2006. En esa ocasión, le preguntó qué podía hacer para aliviar el sufrimiento de los trabajadores de la salud y de las personas y mejorar la atención de los pacientes. Él le respondió: «Enseña a la gente a meditar». Comenzó practicar la meditación hace diecisiete años con su primera profesora de meditación, Lia Diskin, de la Asociación Palas Athena, donde se formó como profesora de prácticas meditativas y atencionales.

Adriana Mauleon

Conoció el programa Mindfulness y Compasión para la Salud MBPM en 2015 al buscar formas de mejorar su gestión emocional. Ahora es parte del equipo docente, profesora, formadora y mentora de RespiraVida BreathWorks en el ámbito iberoamericano. Su exploración del autoconocimiento la ha llevado a adentrarse en las prácticas de desarrollo de la conciencia mediante la meditación y el movimiento corporal.

Desde el año 2014, es practicante budista en la Comunidad Budista Triratna. Obtuvo su diploma en Danzaterapia, por Casa del

Movimiento, en 2016; se certificó como instructora de *hatha* yoga en Yoga Espacio, en 2019, y actualmente está realizando la especialización de yoga terapéutico en la misma institución.

Enseña mindfulness y movimiento corporal a personas que viven con algún problema de salud, centrándose en la singularidad de cada persona, honrando su propia experiencia, cuerpo, habilidades y momento de vida. Ha impartido los cursos de RespiraVida BreathWorks en México al público en general y a diversos grupos, entre ellos, al Centro Federal de Readaptación Social 16 Femenil y a la Fundación de Cáncer de Mama.

De formación, es licenciada en Administración por la UNAM y licenciada en Derecho por la UVM, y trabajó durante varios años en el ámbito de la propiedad intelectual.

Leandro Timm Pizutti

Profesor y *teacher trainer* en mindfulness y compasión de RespiraVida BreathWorks (Reino Unido y España), es el actual presidente de la Asociación RespiraVida BreathWorks Brasil.

Psiquiatra, miembro fundador del Departamento de Psiquiatría y Espiritualidad de la Asociación de Psiquiatría do Rio Grande do Sul, con maestría en Ciencias de la Salud por la Universidade Federal de Ciências da Saúde de Porto Alegre y doctorado en Psiquiatría y Ciencias del Comportamiento por la Universidade Federal do Rio Grande do Sul.

Psicoterapeuta con formación en Terapia de Orientación Analítica por el Centro de Estudios Psicoanalíticos de Porto Alegre; Terapia Conductual Dialéctica, por el Behavioral Tech Institute (Estados Unidos), y Terapia Centrada en la Compasión por el Compassionate Mind Foundation (Reino Unido).

Medhavin (Armando) Velasco

Director de RespiraVida BreathWorks México. Formador sénior de RespiraVida BreathWorks, España, y Breathworks, Reino Unido. Desde 2015 es parte del equipo docente de la formación de profesores MBPM para Iberoamérica. Es miembro del equipo de fundadores de RespiraVida BreathWorks en México.

Ha ofrecido conferencias, cursos y talleres en instituciones educativas (entre otros, UNAM, el Tecnológico de Monterrey en Cuernavaca, la Universidad Albert Einstein) de readaptación social (con mujeres privadas de la libertad y custodios) y de salud (IMSS, FUCAM para mujeres en recuperación de cáncer de mama).

Es practicante budista desde el 2002 en la Comunidad Budista Triratna y miembro de la Orden Budista Triratna, en donde recibió la ordenación como Medhavin.

A partir del 2010, comenzó un cambio gradual pero radical para dedicarse a tiempo completo a la práctica y enseñanza del *Dharma* y el mindfulness y compasión seculares. Ha colaborado como practicante y profesor con el Centro Budista de la Ciudad de México y en los últimos años principalmente con el Centro Budista de Cuernavaca.

Silamani J. Adolf Guirao Goris

Doctor en Enfermería, con experiencia en la asistencia, la gestión y la docencia universitaria. Es director de formación y evaluación de competencias de RespiraVida BreathWorks y sénior *trainer* de RespiraVida BreathWorks.

En el campo de mindfulness tiene formación adicional como profesor certificado de Mindful Eating Conscious Living ME-CL y profesor entrenado de MSC. También ha desarrollado el programa de Kindful & Mindful Eating - Alimentación Bondadosa Consciente.

Actualmente, combina su responsabilidad en RespiraVida BreathWorks con la dirección del Centro Budista Triratna de Valencia.

Ellen Lima

Practicante de meditación desde 1999, se acercó al mindfulness a raíz de su propia experiencia con el dolor crónico. Profesora y *teacher trainer* de mindfulness y compasión de RespiraVida BreathWorks, responsable del módulo de movimientos conscientes de la formación de profesores.

Licenciada en Pedagogía. Su pasión por enseñar y aprender se traduce en una formación continuada y amplia. Certificada en Yoga Terapéutico, Conciencia Sensorial de Charlotte Selver, Movimiento Consciente, Osteopatía y Psicoterapia Contemplativa.

Como profesora de prácticas somáticas y contemplativas, se ha especializado en personalizar la práctica y hacerla inclusiva, respetuosa y accesible a diferentes necesidades, incluido el dolor crónico. Es coautora del proyecto *Sentir Além da Dor* (Sentir más allá del dolor) que ofrece conciencia sensorial y mindfulness para personas con enfermedades crónicas y con vulnerabilidad socioeconómica en Brasil.